云端学校

没有老师，学习如何发生

The School in the Cloud

The Emerging Future of Learning

Sugata Mitra
［印度］苏伽特·米特拉
著
／
张建民
译

上海教育出版社
SHANGHAI EDUCATIONAL
PUBLISHING HOUSE

献给达斯加拉的古辟纳斯（Gupinath），

本书尚未写成他已通读过了。

推 荐

在当今教育界，苏伽特·米特拉发出的声音可以说是最具独创性的声音之一。他对世界各地儿童与技术的独特研究，为人们研究学习和教学的核心动力提供了迷人的启示。儿童爱学习，但在教育中并非都能表现出色。这是为什么呢？在学校里，他们不得不相互竞争，可如果他们相互合作会怎样？通常我们都是按学生的年龄教学，如果不这样又会发生什么？没有老师又会如何？在一个越来越紧密相连的世界里，这一切对教育的未来而言又意味着什么？对于那些对学习、技术和学校有浓厚兴趣的人来说，这是一本大胆刺激且必不可少的书。

——肯·罗宾逊爵士（Sir Ken Robinson）

博士，教育家，《纽约时报》畅销书作家

我们往往会低估儿童，而苏伽特·米特拉却不会这样。他一生致力于鼓励儿童利用天生的好奇心和想象力独立探索。教育是他人对你做的事，而学习是你对自己做的事。在本书中你将看到，数字让后者成为现实。

——尼古拉斯·内格罗蓬特（Nicholas Negroponte）

美国麻省理工学院媒体实验室和“每个孩子一台笔记本电脑”创始人

苏伽特·米特拉的新书很吸引人。它让你停下来，促使你重新思考。许多好书都会鼓励和指引你，其中一些还会教给你更好的行事方法。本书就是这样，且还不止如此。它质疑人们的流行观念，激发你从新的角度思考学习。

比如，我们往往会斥资百万，想给每个学生提供一台电脑，或者至少让每两个学生拥有一台。而苏伽特·米特拉却说，如果年龄不一的儿童围在大屏幕前，他们可以学得更快并一起探索。又如，我们通常认为，信息与通信技术教学需要教师精心规划循序渐进的方法，以确保学生在合适的时间能学到合适的内容。而米特拉向我们展示，儿童只要能在公共场所自由地使用电脑上网，就可以学会操作电脑，而无须上专门的电脑课。也许最深刻的是，米特拉描绘了创建“自组织学习环境”（SOLE）的条件。通常来说，学生会在考前突击，考后则将学到的大部分内容忘个干净。而在这一学习环境中，学生反而在几个月后的突击考试中掌握了更多内容。“云端学校”理念背后的原则不是如何施教，而是如何对话，如何提出问题、让学生自己寻找答案。

尼古拉斯·克莱因（Nicholas Klein）说：“他们先是无视你。然后他们嘲笑你。再后来他们攻击你，要烧死你。最后他们为你建立了丰碑。”读了这本书，我猜你会像我一样，在思考米特拉对教育做出的贡献时，也会发现上面这段话的预见性。我只是希望，在阅读并按照书中内容去做的时候，我们可以加速庆典的到来。

——詹姆斯·诺丁汉（James Nottingham）

英国阿尔恩茅斯“挑战学习”创始人，“挑战学习”系列图书作者

这本令人期待已久的书，不仅记录了苏伽特·米特拉 20 多年来对自组织学习的研究，还邀请我们对这位颠覆者的头脑进行探索。米特拉巧妙地追溯了他所创建的项目的历史，呈现了著名的“墙洞实验”“云端学校”背后的真知灼见。他的叙述令人信服、富有个性，有时还会引发争议，但有充分的证据证明，只要给儿童提供适当的条件，他们能够自己学习。对于世界各地的教育工作者来说，这本书具有同样的挑战性和启发性。

——史蒂夫·惠勒（Steve Wheeler）

学习创新顾问，英国普利茅斯教育学院原教育学副教授

21 世纪，教育将互联网的海量资源与儿童与生俱来的求知欲和学习能力结合起来，放手让儿童自由奔跑、发展心智。在这一趋势中，苏伽特·米特拉可以说是一名真正的引领者。阅读本书，可以开启你对儿童能做什么、能成就什么的无限想象。加入米特拉的队伍吧，他激进而实用的思想遭到很多人的反对，而正是这些人系统地低估了儿童的能力。

——盖伊·克拉克斯顿（Guy Claxton）

《学习力：教学习者自学》作者

互联网为我们提供了无穷无尽的资源，而不仅仅是消费。苏伽特·米特拉结合多年的研究，向我们讲述了一个引人入胜的故事：互联网怎样让儿童以我们从未想象过的方式学习。他在书中分享的智慧和策略，是我们当下乃至今后变革教育的蓝图。

——埃里克·申宁格（Eric Sheningcr）

国际教育领导力中心（ICLE）数字领导力高级研究员和思想领袖

许多人都声称他们知道未来的学校会是什么样子，可这些说法大都含混不清，过于自信，或者过于简单化了。本书不是这样。它充满了事例、问题、谦逊、可能性和无可辩驳的故事，这让我们对教育的现行思考方式感到不安。对于所有想要拓宽对学习的理解的人，这是一本必读书。

——朱莉·斯特恩（Julie Stern）

《概念理解教学工具》作者

20 多年前，苏伽特·米特拉打破了传统的教育观念，在印度的贫民窟里建了一个电脑亭，邀请儿童一起学习——没有教师，没有课本，也没有考试。从第一个"墙洞实验"中获得的经验，宣告了米特拉所说的自组织学习环境在全球的发展。在这样的环境中，儿童可以通过在线搜索研究"大问题"。在本书中，米特拉并没有说要停办学校或抛弃教师。相反，他是要表明，当教育工作者采纳了自组织学习环境的模式时，他们能够做成什么。通过数据和故事，他描绘了这样一幅教育图景：好奇心得到了激发，技术派上了用场，教师得到了辅助，有足够的智慧让儿童自主学习。

——苏西·博斯（Suzic Boss）

作家，教育顾问，《思考项目式学习》合著者

在本书中，苏伽特·米特拉展示了学习最本质的东西，即儿童的求知需求是与信息的获取和适当的鼓励相结合的，只有这样，他们的学习潜能才能发展。那些熟悉高质量项目式学习（PBL）的读者都能体会到，米特拉的工作抓住了这一教学法的精髓。本书呈现了米特拉将自己的理念付诸实施的全过程。在本书里，他揭示了"教育机会的缺乏"这一迫切的问题，并对此不

断探索和尝试，进而通过迭代和完善来确定解决方案。幸运的是，他与大家分享了他的发现。带着幽默和谦逊，以及源于成功或失败的真知灼见，他与我们分享了他的经验教训，并展示了以学生为中心、由探究驱动的学习在各种环境下的形成过程。

——简·克劳斯（Jane Krauss）

美国国家女性与信息技术中心课程和项目开发顾问，

《思考项目式学习》合著者

多年来，苏伽特·米特拉一直是个少数派。他一直在游说并用证据证明，我们要放手让儿童自主学习。儿童能立刻认识到，他们需要了解过去，并据此想象，然后构建他们的未来。因此，他们当然知道练习想象的重要性。儿童不需要读这本书，这本书是为其他人写的。

——斯蒂芬·赫佩尔（Stephen Heppell）

西班牙马德里市卡米洛·何塞·塞拉大学教授，

菲利普·赛格维亚学习创新中心主任

作 者

苏伽特·米特拉目前正从事互联网与儿童学习方面的工作。2019 年，他以教育技术学教授的身份从英国纽卡斯尔大学退休，现在他是一名独立研究者、演讲人和作家。

1999 年，米特拉做了一个有关儿童学习的“墙洞实验”，即在印度德里市卡尔卡基（Kalkaji）贫民窟的一面墙中嵌入一台电脑，让那里的儿童随便使用。实验的目的是要证明，孩子无须接受正规训练就可以自己学会使用电脑。他称此为“最低限度侵入式教育”（Minimally Invasive Education，简称 MIE）。目前，这个实验已被推广到世界上的很多地方。他在印度、英国、美国等国家获得了许多奖项及荣誉博士学位。

他的研究涉及儿童教育、远程在场、自组织系统、认知体系、复杂动力系统、物理学以及意识等领域。

“墙洞实验”也影响了大众文化。印度外交官维卡斯·斯瓦瑞普（Vikas Swarup）从这一实验中获得灵感，完成了自己的小说处女作，这部小说后来被改编为 2009 年奥斯卡获奖电影《贫民窟的百万富翁》（*Slumdog Millionaire*）。

米特拉拥有物理学博士学位，在认知科学和教育技术方面的发明超过 25 项。2003 年，他被印度政府授予著名的德旺·梅塔信息技术创新奖。2013 年，他获得了首个 100 万美元的 TED 大奖。

20 世纪 70 年代，他在做分子轨迹的计算时发现，决定有机分子功能的是它们的结构，而不仅仅是构成分子的原子。

在获得印度理工学院固体物理学博士学位之后，他继续从事能源储存系统的研究——先在印度理工学院的能源研究中心，后在奥地利的维也纳技术大学。基于这些研究，他对锌镍电池进行了创新设计。

读博期间，他对有机半导体中的激子分离展开了研究，这使他对生物系统中流通的电流产生了兴趣，最终完成了一篇颇具影响力的论文，探讨人类感觉器官位于人体现有部位的原因。

20 世纪 80 年代，他对计算机网络产生了兴趣，进而转向新兴印刷技术的研究。1984 年，他创建了印度第一个基于局域网的报纸出版系统，并且预测了桌面出版业的出现。这引发了基于局域网的数据库出版的发明，他由此创立了印度和孟加拉国的“黄页”产业。

他对人脑的兴趣再一次引导他进入学习和记忆领域，使他成为世界上最早证明模拟神经网络有助于破解阿尔茨海默病机制的人之一。

20 世纪 90 年代，人们开始研发自动认知记录仪（一种连续变量表决器）和超文本链接计算环境。他是最早的一批研究者之一，他们的研究比万维网的出现还早了几年。

米特拉教授在印度国家信息技术研究院（National Institute of Information Technology，简称 NIIT）[1] 工作期间，为该机构创建了第一套课程和教学法。随后，他花费数年研究学习风格、学习设备（有几项现已获专利）、多媒体和新的学习方法，而“墙洞实验”或许称得上他超越前期研究的最高成就。1999 年以来，他令人信服地证明：儿童群组，无论他们是谁或来自哪里，都能通过设在道路或操场等开放空间的公共电脑，自学电脑操作和上网。2006 年他来到英国，发明了“自组织学习环境”，并将其推广至世界的各个角落。2009 年，他组建了“奶奶云”，让云奶奶们在网上与儿童交流。

20 世纪 70 年代以来，米特拉教授出版的书籍以及所做的工作，使大约 100 万印度年轻人获得了培训和发展机会，而其中一些是这个世界

[1] 是一家印度跨国公司，主要负责为公司、机构和个人提供学习管理培训方案。——译者注

上最贫苦的孩子。

近些年来，他利用 TED 奖金，整合自己的教育理念，建立了 7 个名为“云端学校”的实验室，将学习当作教育自组织系统中的涌现现象来研究。在 21 世纪的网络世界里，这些研究结果对课程和考试理念提出了质疑，也对“知”的意义提出了质疑。

至于苏伽特·米特拉的工作对云端学校所在国家的人民生活和经济产生了怎样的影响，就只能凭借猜测来衡量了。

致谢

本书是儿童的作品，我只是他们的信使。1999 年，我开始了“墙洞实验”。人们要我将它呈现并发表出来，对此我很担心，因为我并不真正了解社会科学。我懂点儿物理，我知道自己在物理学这方面倒是可以谈一谈的。

于是我决定，如果我必须从事社会科学的研究，那么我要坚持两条原则——“这是我做的”和“这是我观察到的”。如果我尽最大努力信守它们，我就是安全的。这也是本书所尽力遵循的。我避免谈观点，无论是自己的还是他人的。总的来说，书中没有“我是这样认为的”或“别人是这样告诉我的”等说法。

书中提到的工作以及本书的创作，得到了很多人的帮助。要想将他们一一列出，这个名单不可能完整，也不可能公平。

我在这些年做的工作，也获得了一些机构的资助。这份名单不难列出。NIIT 董事长拉加德・帕瓦（Rajendra Pawar）和首席执行官维嘉・塔达尼（Vijay Thadani）容忍我的怪脾气近 20 年。在我为《爱国者日报》工作时，董事长阿茹娜・阿萨夫・阿里（Aruna Asaf Ali）夫人执意称我为“我们的电脑”。时任德里市首席部长的西拉・迪克希特（Sheila Dixit）很喜欢“墙洞实验”，告诉我在做这样的实验时，别给自己加码。印度工业信贷投资银行的社会职能部门顶着上面的压力资助了我。当时的世界银行行长詹姆斯・沃芬森（James Wofensohn）问我：“你需要多少资金？”詹姆斯・图利（James Tooley）把我带到了英国。英国纽卡斯尔大学聘用了我，从不问我人在哪里，什么时候回去。麻省理工学院媒体实验室的尼古拉斯・内格罗蓬特提醒我，不要卷入自己不懂的东西。TED 的克里斯・安德森（Chris Anderson）给了我最高的赞誉：“我认为他知道自己在做什么。”然后在没有排练的情况下，安排我上了 TED 讲台，还给了我 100 万美元。没有他们的帮助，我无法完成这项工作，他们才是真正要赞扬的人。

还要感谢来自世界各地的老师们，他们总是善意地指出我的错误——你很难再找到比他们更好的人了。

最后要感谢我的朋友们，那些真正的好朋友。没有他们，这本书是无法完成的。

原书出版者致谢

衷心感谢以下人员所做的贡献：

美国马里兰州陶森区巴尔的摩县公立学校系统退休小学老师芭芭拉·Z. 布恩（Barbara Z. Boone）

美国得克萨斯州利安德市劳斯高中指导教练凯利·菲茨杰拉德（Kelly Fitzgerald）

目 录

第二部分　云端学校

第三部分　未来学习之管窥

图表目录

网络资源目录

本书所有视频及网络资源，均可在网页 http://resources.corwin.com/schoolinthecloud 上查看。

序 一

在一张纸上画一个点，再制定一些简单的规则，你就会得到一个全新的教育模式，这一模式能够真正改变任何处境下的儿童。如果你觉得这不可能，那么在阅读本书之前，你还需要打开思路。与其改造我们已知的教育，使之适合印度贫民窟乃至所有教育环境，还不如从一个简单概念，即一个点出发，来重新思考一番。云端学校的创新之举就是由一个点生发而成的非凡旅程，它适用于世界上任何地方，无论贫富。但要想开启这一旅程，你需要有开放的思想和好奇之心。

在西方世界，教育有其定式（Tyack & Cuban，1995；Tyack & Tobin，1994）：一位说个不停的教师、二三十名按年龄聚集在一起的学生、几间设施齐全的教室，以及教材、考试和成绩。学习也有其定式：强调事实、知识和浅显概念；做很多事情，抱很多期望；重视有趣、吸引人的活动，使学生忙个不停。学校几乎没有什么可替代的教学策略，假如学生不想学，学校就束手无策了。正如詹金斯（Jenkins，2008）的研究所揭示的，尽管有97%的5岁儿童愿意到学校来学习，但到他们小学毕业之时，这个数字就会下降到30%～40%，到了高中才稍有上升。也就是说，每个班上只有5～7个高中生愿意来学校学习。尽管如此，西方学校在国家考试和国际考试上都取得了不错的成绩（这些考试更偏爱“博闻强识”），而且有足够的证据表明，许多教师也致力于发展深度学习，培养学生的好奇心，让课堂变得有吸引力（Hattie，2009）。但是这样的模式不仅花费高昂，而且在培养专业教师以及学校领导者上也需要很大的资金投入。因此，在那些不具备这样的资源，且缺乏学校教育传统的国家，学生还有什么机会呢？等到建好这样的学校，再提高学生的学业成绩，这来得及吗？

这时，苏伽特·米特拉出现了。他提出的问题并非我们怎样复制西方的成功（或别的东西），而是我们如何利用现有的技术构筑一种全新的教育。他将一个想法变成了“墙洞实验”，而“墙洞实验”又发展成“云端学校”。对于这个“洞”和这片“云”能够成就什么，他有这样一个愿景：我们不应抱着期望拭目以待，而应精心策划、逐步推进，既要教事实和知识，以此来解决问题，也要创造观点，并在观点之间建立联系。我们的使命并非让学生知道得很多，而是让他们了解足够的知识，进而去关联、拓展、发现和创造。两者之间的平衡对上述愿景的实现至关重要。

最近，我们综合了许多学习策略，以便确定哪些策略在何时有效，以及为什么有效（Hattie & Donoghue，2016）。我们发现，有些策略只对特定任务有效：人们能够获取知识，但不清楚知识之间的联系——反之亦然。浅层认知和深层认知之间的平衡才是关键。我们也注意到，那么多（几乎所有）的教学方法要么只对教授浅层知识有效，要么只对教授深层知识有效。“拼图学习法”是个例外。在运用这种方法时，教师先给出一个主题和几个小话题，并将学生分成若干家庭小组。然后给每一个小组成员分配一个小话题，让拥有相同话题的学生组成专家组，通过探索和讨论来研究他们的话题。等到学生掌握了话题之后，他们会回到各自所属的家庭小组，报告他们的发现。练习结束的时候，每一个家庭小组的成员都能结合自己所在专家组和其他专家组的调查，了解每一个小话题。这样的练习常常以一个统一的活动或任务结束。“拼图学习法”的力量来自浅层学习与深层学习之间的平衡，它能够赋予学生责任感，使他们不仅成为一个学习者，也成为整个学习小组中的关键一员。

这和让学生上网（获取浅层知识），然后要求他们运用获取的知识完成任务又有什么差别呢？（许多过分强调博闻强识的西方教师不愿意听到自己将被互联网取代！）互联网教给学生语言以及提问和搜索的方法，也要求他们学会区分什么是观点，什么是灌输和宣传。同时，它还能让学生通过电脑听很多“英国奶奶”朗读英语故事（不是教学，只是读故事），并与这些“奶奶”积极对话。有了这些技能，孩子们能更好地完成从知识到话题再到问题的过渡。充满好奇、乐于探索，能够识别观点之间的联系，有较强的求知欲，这些正是我们想让所有学生具备的品质。

这种“可见的学习”贯穿本书，始于浅层认知与深层认知之间的良好平衡。要让学生不断评估自己的学习，设定较高的学习目标，关注自己将学什么，而不是将做什么。学生面对的挑战要符合“金发姑娘原则”——既不能太难，也不能太乏味（注意在第 2 章中提到的认知复杂性的六个层级）。要鼓励学生将错误或错误认识当作学习的机会，最大限度地获取和接受反馈，以明确下一步的学习方向。这些策略都能将学习机会最大化，赋予学生学习的力量，最重要的是能够树立这样的目标：让学生把自己看作自己的老师。

是否有证据证明这个模式是有效的，对此我们无法避而不谈。关键是我们如何衡量学生的学习以及他们理解的深度？下一步我们该怎么走？我们如何规划学习，设计出新颖、趣味盎然、开放且吸引人的问题？怎么防止乏味，使学生能够投入富有挑战性的学习？

尽管本书的许多信息似乎都涉及印度及其他资源匮乏的地区，但也有许多例子说明，云端学校适用于任何地方。但这需要权力及中心的转换——教师必须学会：少讲话；将互联网视为主要的资源（“在网上，你先知道，然后再学”），从知识的多少和理解的深浅两方面来评价学习；放弃当下臃肿的课程计划；真正理解学习发生在校园各处，而不是固定的教室；将学生从整齐的座位、上下课铃声、教师“一言堂”，以及繁重的作业中解放出来，珍视每一个学生尚未开发出的巨大激情和潜能。

一位教授讲过这样的故事。他来到一所云端学校参观，那里的上课过程让他大吃一惊、印象深刻，可一天结束时，他却宣称：“我得回办公室看看这在理论上是否可行。”是的，还有许多事情要做，但是这本书呈现了一幅成功的图景，突破了人们的预期，而且充分说明，对贫苦学生有效的方法，对富裕学生同样有效（因为往往在富裕国家有用的东西，在贫穷国家未必有用）。

苏伽特是个有着危险想法的人，他能够强有力地将这些想法连接在一起，而这些想法也许真的管用。享受与他一起待在悬崖边的那种震撼吧，因为在混乱的边缘，一切都有可能发生。

约翰·哈蒂（John Hattie）

澳大利亚墨尔本大学教育研究生院

序 二

孩子能不能为一本关于儿童学习的书写前言呢？为了验证这一点，我去了英国伦敦的贝尔维尔小学（Belleville Primary School），它是质量第一教育基金会（Quality First Education Trust）的成员校。几年前，校长约翰·格罗夫（John Grove）曾邀请我去参观学校，给他们讲讲自组织学习环境（Self-Organized Learning Environments，简称 SOLE）。从那以来，我多次探访该校，还和孩子们一起上过几堂非常有趣的课。这一次我带着这样一个研究问题而来：是否存在所谓的“集体写作”——一种“集体声音”的表达？

实验的对象是 3G 班一帮 7 岁大的孩子。我与这些孩子见了面，向他们解释说，我写了一本书，想让他们为这本书写个序。他们不知道什么是序，于是我对他们说：“你们自己去搞明白吧。”

一组教师作为观察员观察了这个过程，帮助我获取该实验所需要的资源。我告诉他们，什么也别和孩子们说。这组教师后来加入了研究小组，参与讨论。他们是安德鲁·弗尼斯（Andrew Furniss）、卡伦·泰勒（Karen Tylor）、亚历山德拉·爱德华（Alexandra Edwards），组长是汤姆·格林（Tom Greene）和詹姆斯·加尼弗（James Canniford）。他们和校长一起帮助我完成了实验。在此我要向他们表示感谢。

这些孩子从本书中抽出关键的 7 章打印出来，并自行划分成 4 人一组的动态小组。在接下来的几分钟里，他们分配好各自的职能：一位朗读者，负责大声朗读文章；一个研究者，负责在网上搜索他们不认识的词和不懂的概念；两个记录员，负责将一切记下来。令人惊奇的是，这一切都是自发的。

10 天后我回到这所学校，发现孩子们已经搞清楚了序的概念，并利用他们第一天记的笔记，共同起草了一份文件。

下面就是这份了不起的文件，没有经过任何编辑。

苏伽特 · 米特拉

这是一本关于自组织学习环境（SOLE）的书。在世界各地，年轻人都在按照这个模式学习。SOLE 说的是孩子自己掌控自己的学习。当他们用这种方式共同学习时，他们不需要老师。孩子不再需要老师，因为他们应该上更多的 SOLE 课。这不是一本关于老师的普通书籍，而是一本讲学生怎样独立学习、怎样自己教自己的书。书中也包含这样的信息：孩子如何独立管理自己的学习。对于 SOLE，苏伽特 · 米特拉想要做得更多。

教学的问题在于，在我们上过的所有课上，老师会给我们与某一主题相关的提示或答案，由孩子来回答问题。问题是，老师有时会筋疲力尽。如果你让学生按照 SOLE 来学，就不存在这个问题了。教学就是讲授，所以我们想要更多独立的工作。学生需要独立。小学生需要权利。

本书旨在通过让孩子自己学习来解决这些问题。他们可以在小组里发言，所以可以从别人那里学到东西。

我们认为你会注意到本书的一个重点，即孩子可以自己掌控自己的学习。因为有了 SOLE 课，孩子已经独立学习好几年了。一直以来，孩子都是跟着大人学的，但是米特拉教授改变了这个制度。孩子是独立的，他们可以结成小组，以 SOLE 的方式上课。

孩子一直跟着老师学习，但是米特拉教授改变了这种方式，让孩子自己学习，这样他们就足够独立了。你还会注意到这样一个重点：学生可以自己管理学习，且不需要老师的帮助。年轻的学习者已经按照 SOLE 的方式学习好几年了。

这本书特别重要，因为它展示了孩子们怎样开展独立学习。随便翻几页，你就能看到互联网对孩子来说有多么重要，也会发现苏伽特·米特拉支持学生独立学习或以小组的形式学习。

这本书写的是孩子的事情，却是给大人看的。孩子应该独立地教他们自己。小学生能够自己学习。你会读这本书，是因为它与 SOLE 有关。这本书说的不是那些既乏味又落伍的老师，而是要让你看到，你的孩子不需要老师。我们认为学生可以通过云端来学习。你会喜欢这本书的，因为米特拉教授是一位很有经验的老师。在阅读这本书的过程中，请想象一下：你可以用这种学习方法做些什么呢？

贝尔维尔小学 3G 班全体学生

“

我的愿望是，支持全世界的儿童发掘天生的好奇心，以此助力人们设计学习的未来。请帮助我建立云端学校——印度的一个学习实验室。在那里，儿童可以通过获取在线信息与在线指导，开启一场智力冒险。无论你在哪里，我都邀请你创建自己的由儿童驱动的小型学习环境，并与大家分享你的发现。

——苏伽特·米特拉
美国加利福尼亚州长滩市
2013 年 2 月 23 日 TED 演讲

前言

想象之事

这个前言说的是混沌系统的自发秩序。如果你觉得这听起来有点儿可怕，我不会怪你，因为你可能认为自己将阅读的是一本教育方面的书。但是请相信我，这两者是有关联的——一个奇怪的关联。如果你觉得前言扯远了，不妨跳过去直接阅读第 1 章。但是，等你读完全书后，我可以请你回过头来读一读这个前言吗？那时你也许能发现它的意义。

你可以想象任何事情。你可以想象鱼缸里的鱼着火了。你想象的东西其实并不存在，它们只是存在于你的大脑里。

假如你想象的东西在现实中确实存在，那怎么办呢？想象能否成为如眼睛一样的器官，一个能够穿越过去、现在、将来，看透很多现实的器官？

在思考因果关系的时候，我脑中闪过了一个念头。因果关系只能从过去走向现在：因总是在过去，果则总是在当下。可是为什么总是先有因后有果呢？可以先有果后有因吗？

这听起来有点儿荒谬，所以我和同事苏佳依（Sujai）做了一个实验。很多年前，我们试图建立一个时间对称的因果系统。在这个系统里，事情的发生既是因为之前发生的事，也是因为后来发生的事。有时，这也被称为“逆因果”（retrocausality）。我更喜欢“时间对称”这个词，即因可以在果之前和之后存在。

这是个简单的电脑程序实验。我们在屏幕上画一个点，并制定一些简单的规则，看看这个点会发生什么变化。这个点到底会发生什么变化，取决于它的左邻右舍。例如，如果一个点的左右都有另外一个点存在，那就显得过于拥挤了，这个点就会立刻消失。如果这个点的四周没有任何点存在，就显得很孤单，它的两边立马就会出现两个点。我们制定了四条这样的规则（如果你不介意的话，我称之为生与死的规则）。因此，根据前面各点的时间步，就可以计算出每个点的位置。

这样的系统在计算机科学中被称为“网格自动机”（cellular automata），它们已经存在了相当长一段时间。这些系统是高度互联的，任何一个点发生了变化，都会对其他点产生影响，而这些变化又会改变一开始触发这个过程的点。

这种相互关联的系统在物理学和数学中还有另外一个名字——“复杂动态系统”（complex dynamical systems）。之所以称其为“复杂”，是因为它们是交互联结的；之所以称其为“动态”，是因为一切都在变化之中，而每一个变化又会导致更多的变化。这是一种混沌的变化之舞。

下面是阿拉斯加大学给出的权威定义：

> 复杂系统的特征是，各部分之间的非凡互动，使得整个系统的行为不等于各部分之和。例如，大脑中的耦合[1]神经元、气候系统中的冰–海洋耦合，以及固体、液体或软物质中相互作用的粒子。两个钟摆的耦合行为，无法从一个钟摆运动的物理学角度去理解。复杂系统对微小的扰动（混沌）非常敏感，表露出违反直觉的行为，如随机事件引发的稳定，以及无法预测的系统崩溃。(Wackerbauer，2010)

复杂系统会出现“涌现行为”[2]或“自发秩序”，比如鸟的聚集、龙卷风的形成等。当复杂系统从混沌走向有序，我们称之为“自组织系统”。

---

[1] 指两个或两个以上的体系或运动形式通过相互作用而彼此影响以至联合起来的现象。——译者注

[2] 即涌现性，指多个要素组成系统后，出现了系统组成前单个要素所不具有的性质。——译者注

它将贯穿本书的始终。

现在回到我们的实验。

开始实验时，我们只是在屏幕底部画一个点，然后运行程序，屏幕上就充满了漂亮的三角形，但是我们并没有在程序里加入制作三角形的命令！

图 0.1 谢尔宾斯基三角形

来源：Mitra & Kumar (2006)，已获得复杂系统出版公司的许可。

注：在一个空白的矩形空间顶端中心画一个点，自上而下，根据每一点两边是否存在其他点，运用一套规则来控制每一个时间步的走向，可以画出谢尔宾斯基三角形。每一步都取决于前一步。任何一步的未来如何，无从得知。

在这个系统中，每一步都是根据前一步的点构建的。未来是一片空白，并在根据过去各步创造未来各步的过程中，逐渐被填满。

那么，如果未来不是一片空白呢？如果未来已经有内容了怎么办？

我们为系统提供了这样的情境：未来的时间步中已经有了一个图像，就好像未来已经存在一样。我们在未来的点状世界里插入一张笑脸，然后再次运行程序。那些点一旦与未来相遇，就陷入一片混乱，没有意义，杂乱无章。之后……

突然，这个混乱状态消失了。屏幕上盯着我们的不只是一张笑脸了，而是三张笑脸！那些点已经创造了它们想象中的未来。

图 0.2 过去适应未来

来源：Mitra & Kumar（2006），已获得复杂系统出版公司的许可。

注：先从一个矩形空间的顶端中心画一个点，再将一个笑脸符号放在未来区间，用来生成三角形的那些规则使画面一度陷入混乱。在演化过程中，笑脸一次又一次被复制。未来得以实现，也成了历史。

如果你想更多地了解这个实验，可以阅读我们发表的文章（Mitra & Kumar，2006）。

这些笑脸去了哪里？又是怎么回来的？也许它们哪儿也没去，只是分布在整个系统中；也许它们没有回来，而是获得了新生。也许，我们没有提出正确的问题。

当然，这仅仅是计算机模拟，它与现实生活有什么联系呢？我发现确实是有联系的。在大自然中，这种颠倒的因果关系比比皆是。

在平静的水面上，水分子通过分子力相互连接。从一个很小的高度落下的一滴水，便可以打破这片平静。

水滴落入时，涟漪产生了，并向外扩散，然后又向内聚拢。水面隆起，甩出一滴水，简直跟原来落入的那滴一模一样。这就好像一段记忆变成了想象中的未来，在这个未来中，一滴水，与原来的那滴一样，再一次落入水中。掉落的水滴去了哪里？又是怎么回来的？

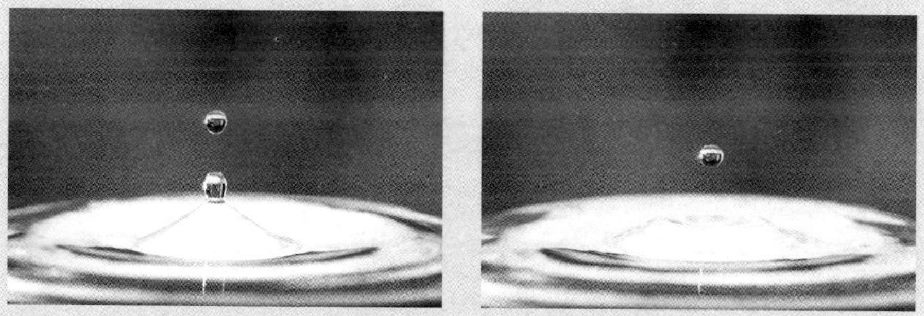

图 0.3　水有记忆吗

来源：https://www.huitu.com

此时你可不要将这个“回归”混淆成那个所谓的“水记忆”理论。我不是在说水能记住事物。我是在说，掉落的水滴在水中散开，又以自发秩序的形式重新出现。

如果未来是“存在”的，那么它实现于系统的现在和过去。相反，如果想象中的未来实际上并不存在，而只存在于想象者的大脑里，那么我们并不是在谈论时间对称的因果关系，而是“向前和向后的因果关系”。但是这两者之间只是在语义上有细微的差别。

图 0.3 中弹出水面的水滴显然不是之前落入的水滴了。不可能是。毕竟原来那个水滴已与水体混合在一起了，就像我们模拟实验中融入其他小点中的笑脸一样。

因此，那个重现的水滴和那些重现的笑脸，是由相互关联的水分子和我们模拟实验中的点所创造的，是在原来干预下的“转生”。我想不出一个更合适的词来描述这个诞生于系统的“东西”了。

在完美条件下，“转生”的水滴与原来落入的水滴会完全相同。

因此，水能够记忆吗？这在现在听起来十分荒谬，无论如何，“记忆”这个词对人来说，有太多隐含意义。

但是，如果水是一个相互连接的系统，就像实验中的网格自动机一样，那么我们就很容易看到，落入的一滴水是怎样被“记忆”和复制的。这不是什么魔法，只是复杂动态系统的特性而已。

假设落入的不是水，而是除水以外的其他东西——许多人都拍摄过它们落入水中的慢动作。我在麻省理工学院找到了一个视频，是由一台很好的摄像机拍的。这个视频显示了一个管状金属物体落入水中的画面。

水体抛出的水柱，就好像管状物体的翻版！不完全一样，但是像得出奇。这一次我不能再称其为“转生”了，因为它是不同于水的金属。我想称其为“幽灵”。

这样说来，水分子能复制它们“看到”和“体验到”的东西吗？这个机制是否与我们网格自动机实验产生分形图像的机制一样呢？

按照万有引力定律，想象一下空荡荡的宇宙中只有一个物体。如果该物体开始移动，它就会一直移动；如果它一开始是静止的，它就会保持静止。这是很简单的道理。

现在我们往里面添加一个物体，这样就得到了一个双体系统。这两个物体在移动时相互牵引，有时候相互碰撞，有时绕着对方转。随着时间的推移，我们可以精确计算出它们会发生什么。我们可以解决这个双体问题。

现在让我们添加第三个物体，那么就得到了一个三体系统。这三个物体在移动时会相互牵引，结果形成一个复杂的、动态的、混乱的舞动。此时我们无法用数学来预测，也无法解决这个三体问题。对物理学家和数学家来说，这是一个古老的难题。他们称其为“多体问题”。

我们不知道复杂动态系统在做什么，以及如何做。

我们与此相同吗

大脑中相互连接的神经突触能感知并实现未来吗？实际上，连接极其紧密的互联网能够“看到”和复制未来吗？如果我们的大脑是复杂动态系统，就像网格自动机实验所显示的那样，那么它们无疑会显现出同样的行为。互联网也是另一个复杂的相互关联的系统，那么它也能够实现未来。

当你在网上发帖或推文时，你发的信息会使与你关联的人发的帖子或推文内容产生微小的变化。这些变化又会影响你后面发的帖子或推文，如此循环往复。整个系统会陷入混乱，直到自发秩序出现为止。我这不是在猜测，任何与复杂系统打过交道的人都会体验到这一点。我们只是不知道如何计算这个系统的走向以及最后的秩序——我们还没有这样的数学方法。

作为一个系统，我们的大脑或互联网是由数以亿计的部分构成的，每一个部分几乎同时作用于彼此。互联网不就像一个大脑，一个很大的大脑吗？拿大脑来说，整个神经元网络的功能超过其各组成部分的总和。我们的头脑似乎不仅仅是物理意义上的大脑。互联网也有头脑吗？就像不能问互联网在哪里一样，我们也不能问头脑在哪里。网络确确实实存在着，但它并不存在于什么物理空间。也许“头脑”“意识”或“学习”是我们还没有意识到的自发秩序？对此我们尚不得而知。

如果我们是多体系统的一部分，而这个系统的变化取决于它的过去和未来，那么想象就是客观存在的，只不过是以一种颠倒的奇怪方式呈现。而我们的存在，也将依赖于我们想象未来的能力。

在本书中，你也许可以一瞥由这种互联所引发的学习的未来。

在杰里·罗斯韦尔（Jerry Rothwell）的纪录片《云端学校》（*The*

School in the Cloud）的片段中，我谈到了我们在自然中发现的复杂动态系统，你不妨看看（见 [视频] 视频 0.1）。

谁想了解学习的未来

我知道，世界上有成千上万的教师对学习的未来非常感兴趣，因为他们的工作在不断变化和演进。诚然，也有一些教师并不感兴趣，因为他们认为学习还会一成不变。我希望他们也能读读这本书。

家长想知道，面对学习的未来他们可以做什么。许多家长很困惑，因为他们看到孩子们跟以前不同了，他们处于不同的时代。

教育领导者——那些领导教学组织的人在寻找答案，他们或许能在这本书里找到。他们应该也想知道自己所在组织的未来。

那些试图解答与学习有关的大问题的研究者们也会喜欢这本书。什么是学习？它为何出现？它是如何运作的？又会发生什么？

政策制定者、政治家、行政官员——那些为这个星球创造未来的人需要了解，在未来世界里，学习可能会变得面目全非，“知”本身也许并不像我们所认为的那样。

工程师和建筑师需要了解如何设计未来的学校。

技术开发者也要了解学习的未来，因为他们的生计完全依赖于未来。是什么技术将把我们推向学习的未来？又是什么会将我们拉回过去？

我们不能忘了学习者自己。对他们来说，学习的未来决定了他们的生活，对他们的影响最大，而讽刺的是，他们才是塑造那个未来的人。

我们每一个人都离不开学习，我希望接下来的内容会对大家有所助益。

第一部分

当儿童遇见互联网

第 1 章
学习中的自组织系统

如果让儿童以小组的形式接触互联网，他们可以自己学会一切。传统的学习确实已经不再像以往那样重要了。我上学的时候，我们在化学课上学的是如何找出一种粉末的化学成分。这在那时叫“盐的分析”。我们必须参加考试，以证明我们学会了分析的方法。老师给我们少量的粉末，让我们去搞清楚其成分。我们需要将粉末溶解到不同的酸里，再加入其他液体，观察沉淀物、颜色的变化等，这要花费好几个小时。而今天，你将粉末放入一台机器，也许是一台色谱仪，或一台频谱仪，不出几分钟就能知道粉末的成分了。盐的分析是维多利亚时代的化学中令人惊叹的一部分。我们学了这个知识点后成了化学侦探。然而离开学校之后，我的大脑一直试图抹去这种在现在看来早已过时、没必要学的知识。

1968 年，斯坦利·库布里克（Stanley Kubrick）执导的电影《2001：太空漫游》（*2001: A Space Odyssey*）上映，那时我才 16 岁。这部电影对我影响很大，直到现在我还认为，人类在面对无法解释的事物时，会调动一切能量和能力来把它搞清楚。

> 如果让儿童以小组的形式接触互联网，他们可以自己学会一切。

1999 年：墙洞实验

熙熙攘攘的卡尔卡基（Kalkaji）位于印度德里的郊区，那里的巴拉吉豪宅周边遍布贫民窟，充斥着非法的棚屋，里面住着清洁工、电动黄包车司机，以及卡尔卡基富裕人家的用人。这样的贫民窟是成千上万儿童的家。那里有几所政府开办的学校，老师们总是一副无精打采、无动于衷的模样。那里的儿童几乎不识字，也几乎不懂英语。在 21 世纪的今天，大部分人还没有见过电脑或听说过互联网。

我就是在这里的墙上凿开了第一个洞，在里面嵌入了一台电脑，将屏幕面向操场（其实就是堆满了垃圾的空地，孩子们就在这样的地方玩耍）。还不到 8 个小时，孩子们就开始浏览网页了，他们还能够教同伴如何浏览网页。在没有成年人从旁相助的情况下，他们学会了玩游戏、画画、搜索信息，以及一点儿粗浅但能用的英语——他们需要用英语来操作电脑。你可以在我于 2005 年出版的《墙中洞：教育中的自组织系统》（*The Hole in the Wall: Self-Organising Systems in Education*）这本书中详细了解这个实验。

在世界银行、印度工业信贷投资银行、德里政府的资助下，一起做研究的同事和我在印度的贫民窟和村庄中多次重复了这个实验。实验结果总是一样的——这种数字素养不知从何而来。

印度政府的外交部送了五台“墙洞电脑”给柬埔寨，南非政府也在本国的两个地方独立重复了该实验。实验结果没有什么不同。2005 年发表的一篇论文（Mitra et al.，2005）详细描述了我们使用的测量方法。

我们发现，在一开始的激动和兴奋过去后，孩子们开始使用互联网做作业。他们从网上抄下的答案令老师大吃一惊：他们总能抄下正确的答案。他们是如何找到相关的网址，又是如何找到正确答案的呢？

儿童可以利用技术来学习吗

在后来的另一个实验中我们发现，离印度城市越远，学生的英语、数学和科学成绩就越差（Mitra, Dangwal, & Thadani, 2008）。下页图 1.1 揭示了空间距离对学生几门主要课程学习状况的惊人影响。当你发现那些最好的老师都纷纷离开农村，到离城市更近的地方去寻找好工作、追求高质量的生活时，这个实验结果就说得通了。

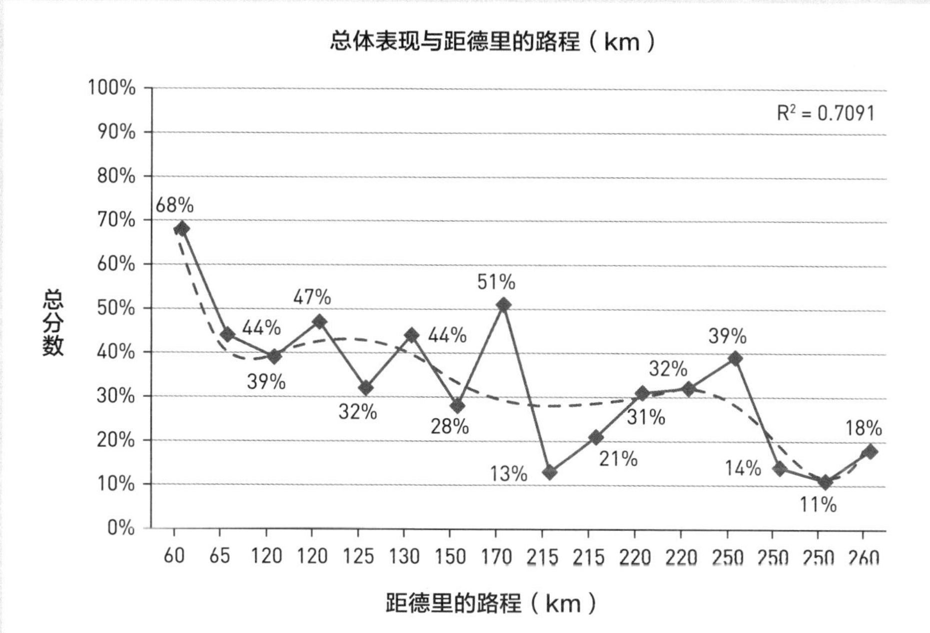

图 1.1　与德里距离相关的考试成绩

来源：Mitra, Dangwal, & Thadani (2008). *Australian Journal of Educational Technology*, Vol.24, No.2

拉维·比什特（Ravi Bisht）走遍了印度的每一个村庄，面向道路安装了 3 台电脑。认知系统研究中心（Centre for Research in Cognitive Systems，简称 CRCS）主任桑杰·古普塔（Sanjay Gupta）搞了一系列发明，以确保电脑在任何环境下都能正常工作。比什特、古普塔及其团队发明了固态触控式鼠标和键盘保护盖，将排气扇倒过来装，还添加了很多小玩意儿，以确保电脑在任何室外空间都能工作。还有一位名叫希曼舒（Himanshu）的同事编写了程序，使我们得以在任何地方都能通过网络观测这些电脑，防止操作系统被锁定，或者硬盘驱动器被不小心删除。这些都是我们在 2000—2004 年做的。

在一些偏远村落选了 22 个地方安装了 100 台电脑之后，我们的野外观察员便开始工作。我们对实验组进行了 9 个月的测试，再将结果与对照组及其他电脑使用者比较。据统计，大约有 4 万名儿童使用了这些电脑，其中许多儿童全靠自己学会了使用电脑。在 9 个月之后，他们的电脑能力得分达到了 40 分 [1]（见图 1.2）。

这个研究结果证明，自组织学习是成立的，并为我们赢得了 2005 年美国教育研究协会最佳论文的声誉。

几年之后，丽图·丹瓦尔（Ritu Dangwal）在山地国家不丹复制了墙洞实验。她挑选了 550 名儿童（实验组 350 名，对照组 200 名）来做实验，还小心地为这些嵌入墙里的电脑重新命名，称它们是“学习站”。

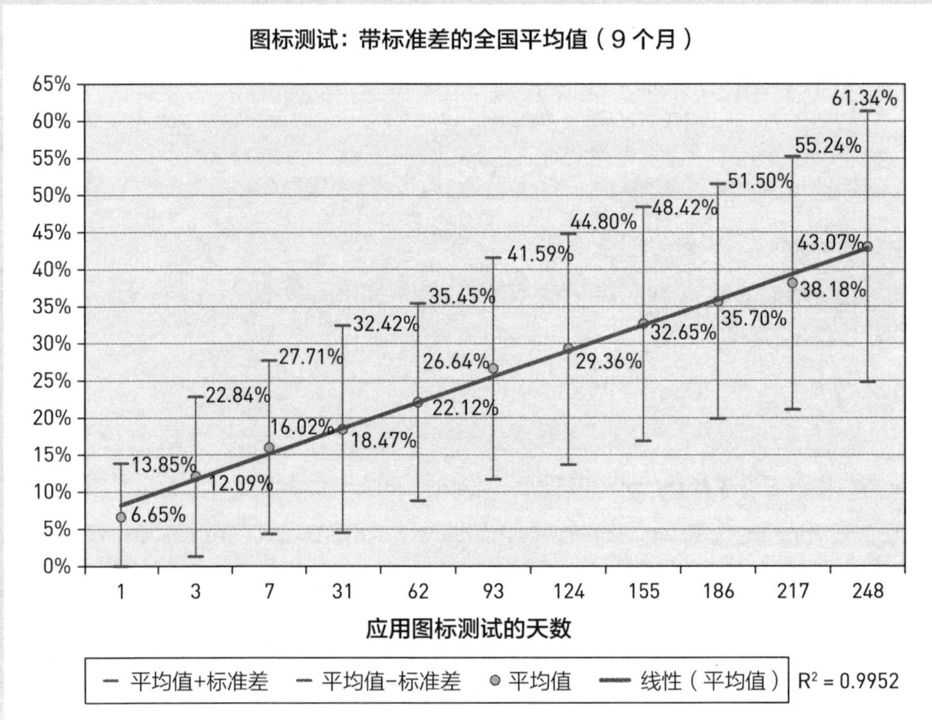

图 1.2 9 个月内儿童电脑能力的提升

来源：Mitra et al. (2005). *Australian Journal of Educational Technology*, Vol.21, No.3

[1] 如无特殊说明，本书中的分数均为百分制。——译者注

尽管不丹儿童对技术持有完全不同的态度，而且与印度儿童相比，他们更不容易接触到技术，但这两个国家儿童的学习速度几乎相同（见图 1.3；Mitra & Dangwal, 2017）。事实上，代表印度儿童成绩的线条与代表不丹儿童标准化成绩的线条在图 1.3 里的倾斜角度几乎相同。如果不考虑开始时的差距（不丹为 0.51，印度为 6.65），那么两条线就会基本重叠。实验结果在 2017 年我和丹瓦尔的这篇论文中有详细解释。

这是否表明，相同的学习机制在两个国家都能起作用呢？

我们在后面几年里做的实验清楚地表明，让儿童以小组为单位，在安全的公共空间接触网络，他们将学会使用电脑，学会上网，而不需要成人的指导。我们的实

如果你是家长或是孩子的监护人，不妨让他们三五成群地到设在公共空间（如客厅）的大屏幕前去上网。就像你对待电视机那样对待互联网，然后准备见证奇迹般的学习发生吧！

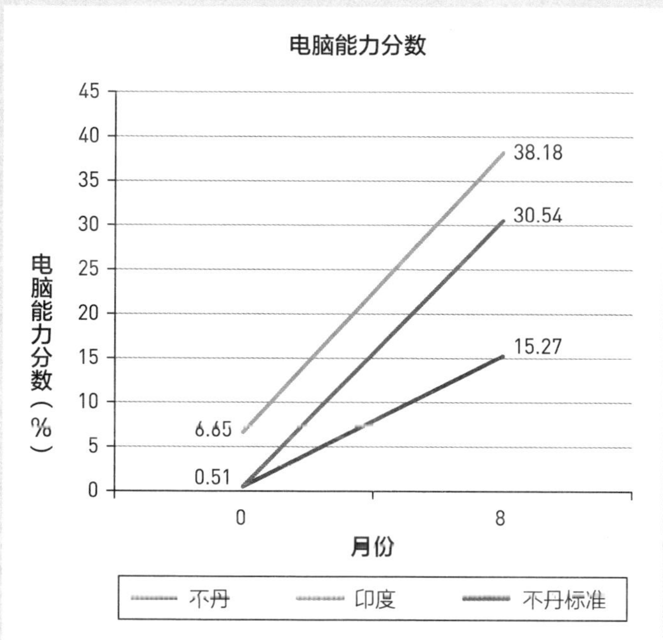

图 1.3 不丹和印度儿童的电脑能力习得情况

来源：Mitra & Dangwal (2017). Springer Netherlands. CC BY 4.0

> 我们在后面几年里做的实验清楚地表明，让儿童以小组为单位，在安全的公共空间接触网络，他们将学会使用电脑，学会上网，而不需要成人的指导。

验说明，儿童结伴学习比单独学习的效率更高。这种像蜂群一样的集体智慧堪称一位高效的老师。多年之后我才意识到，与水滴实验一样，这个集体学习的场景就是自组织系统的一个例子。在自组织系统中，自发秩序可以凭空出现。

20年后我意识到，墙中的电脑就如同电影《2001：太空漫游》开场那块在人类早期出现的石碑，它是一个征兆、一个指南针、一个风向标。我现在可以看到，它指向一个相当陌生的未来。

2007年：盖茨黑德实验

泰恩河畔的纽卡斯尔（Newcastle upon Tyne）是苏格兰以南一座漂亮的小城市，与盖茨黑德（Gateshead）隔河相望。这里的人被称为乔德人，操着一口浓重的方言，很难懂。纽卡斯尔是18世纪和19世纪英国的工业枢纽，那些将移民送到美国新世界的轮船就是在这里制造的，给那些轮船提供火力的煤炭也是在这里开采的。

有一天，从这里开始的教育将改变整个世界。

2006年11月，我受聘为纽卡斯尔大学教育技术学教授。54岁时，我离开一直生活的印度，来到了英国。对于教授要做什么，我一点儿概念也没有，只能茫然地对遇到的所有人微笑。我想我会在英国愉快地过上几年，然后退休。但是到了2009年1月，一部名为《贫民窟的百万富翁》的电影彻底打乱了一切。这部电影是根据维卡斯·斯瓦瑞普的小说《问与答》（*Q&A*）改编的，获得了奥斯卡奖的诸多奖项，还获得了金球奖，且被媒体报道了很长时间。一家印度报纸问斯瓦瑞普创作这部小说的灵感来自哪里：

> 斯瓦瑞普很坦率地说："我是受了墙洞项目的启发。在这个项目中，研究人员将一台联网的电脑安装在德里的一个贫民窟里。当一

个月后他们再一次去那个贫民窟时，发现那里的儿童已经学会了使用互联网。这让我着了迷。我由此意识到，每一个人身上都具有一种天生的能力，能够做非同寻常的事。当然，他们得有这样的机会。除此之外，你如何解释儿童在没有接受任何教育的情况下也能学会使用网络呢？这说明知识不仅仅属于精英阶层。”斯瓦瑞普在谈到那个项目时这么说。1999 年，NIIT 的首席科学家苏伽特·米特拉在一堵墙（将 NIIT 与旁边卡尔卡基的贫民窟分开）上凿了一个洞。通过这个洞，人们可以自由使用置于其中的电脑。就这样，儿童在没有什么经验的情况下自己学会了使用电脑。(Roy，2009)

难以想象，我的所作所为启发了一部小说的创作，而这部小说竟然拍成了电影！印度的 NIIT 大学和英国的纽卡斯尔大学为此发了狂，好像是他们得了金球奖似的。报纸记者、电视台的工作人员挤满了我的办公室。

后面发生的事将影响整个世界，并进一步推进我的研究。这还得从 2009 年 5 月 14 日我收到的一封电子邮件说起。

嗨，米特拉教授：

希望你不会介意我这么唐突地和你联系，但我想知道是否有可能更多地了解你针对儿童与信息通信技术做的研究。

最近我看了你在英国航空公司——我丈夫刚好在那儿工作——所做的一个讲话的 DVD，对你讲的故事很着迷。

我是个小学老师（教八九岁的四年级学生），在一个贫困地区（盖茨黑德）的圣艾登小学（St. Aidan's Primary School）工作。我们马上要发笔记本电脑给孩子们在教室里使用。我们非常希望你能来我们学校，和我们分享你在最低限度侵入式教育方面的研究成果。

我已经和校长莱斯莉·斯蒂尔（Lesley Steele）女士说过，她很热心，让我和你联系，看看这是否可行。我们是一所有前瞻思维的学校，乐于接受将孩子置于学习中心的新思想。

我觉得我们的孩子和教职工会从你的研究中获益良多。

谢谢。

埃玛·克劳利（Emma Crawley）

埃玛的邮件引发了我的好奇心：从世界上最贫困的儿童群体那里得到的研究成果，对一个世界上最富裕、最发达的国家有意义吗？

巴里·克雷文（Barrie Craven）是我在纽卡斯尔的朋友和同事，我们发现，贫困地区的儿童要比富裕地区的儿童表现差（Mitra，2009）。

地理位置偏僻在英国也是个问题，不过这只是一种形式的偏僻。在英国富裕的城市里，还存在着社会经济的偏僻、文化的偏僻，以及种族的偏僻。克雷文将英国的住房补贴看作经济困难的指标，而且发现，在贫困人口生活的地区，学生的 GCSE[1] 成绩更差（如下页图 1.4 所示）。

我和圣艾登小学的老师们谈了墙洞及相关实验，他们很激动。校长莱斯莉·斯蒂尔夫人邀请我下次去见见孩子们。

> 无论所处环境如何，8 岁大的孩子没什么不同。

圣艾登是盖茨黑德一所很小的学校。我在 2009 年 7 月见了四年级的学生（大约 8 岁）。这让我如释重负，因为突然间，大陆、人种之间的差别统统消失了，孩子们和我成了好朋友。无论所处环境如何，8 岁大的孩子没什么不同。

“你们想问问苏伽特关于印度的事情吗？”埃玛问。

那些孩子拼命点头。

“印度有薯条吗？”一个男孩问道。

“当然有呀！除了薯条，你们就想不出别的东西吗？”埃玛有些恼火。

[1] GCSE 为 General Certificate of Secondary Education 的缩写，指英国普通中等教育证书。大多数英国学生从九年级或十年级开始，需要用两到三年的时间学习 8～12 门课程。考试通过后，方可获得 GCSE 证书。在英国，学完 GCSE 的学生就结束了义务教育的学习。如果选择上大学，会继续读 A 级；如果选择去技术类院校学习，则会在相应岗位就业。——译者注

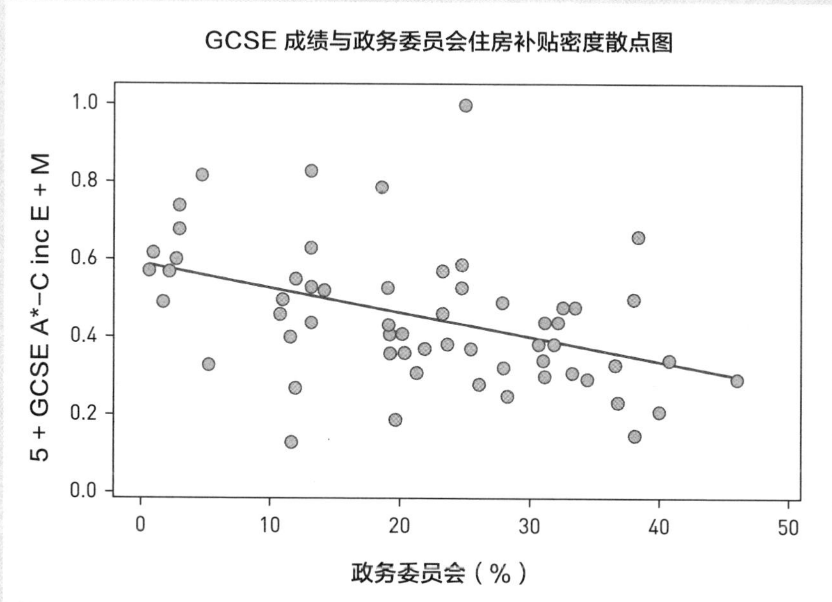

图 1.4 住房补贴密度对考试成绩的影响

来源：Mitra (2009)

那天下午放学，在孩子们排着队离开教室的时候，我问："想试试别的方法吗？"

"想。"他们齐声说。

我让孩子们站成一排，确保每一个人都与前面的人保持不同的方向。比如，第一个孩子面对着门，第二个孩子就背对着门，以此类推。

"现在我们站成了一排还是两排？"我问。

"是乱七八糟的一排。""不，是两排。""根本就不是一排。"孩子们乱作一团。

这时一个小女孩清脆、响亮的声音传来："同一个地方同时存在相对的两排。"

我看了看埃玛，她做了个鬼脸，咕哝着说"量子物理什么的"。这时铃响了。学生们迈步朝着等待他们的家长走去。

我发了邮件给埃玛，说了另外一个想法。

嗨，埃玛：

- 我觉得我们可以尝试去做：

1. 从 GCSE 试题中选一道环境相关的问题。
2. 让孩子们四人一组利用互联网就此问题开展学习，但不提供帮助。
3. 看看会发生什么。
4. 两个月后重提这个问题，看看他们在不使用互联网的情况下记住了多少。

- 比如可以问这样的问题：

下列每一种动物的生存优势是什么？（例如，兔子的大耳朵使它很远就能听到捕食者的声音。）

a）北极熊的白色外套：________________

b）刺猬的尖刺：________________

c）猎豹弯曲的脊柱：________________

d）鹰锋利的爪子：________________

e）狮子强有力的牙齿：________________

（分数为 5 分）

- 回答纲要如下，每答对一问即可得 1 分：

a）可以伪装身体，使猎物看不到它在雪中爬行。

b）保护它免受捕食者的伤害。

c）可以保证身体的灵活性，从而快速而平稳地达到最快奔跑速度。

d）使它能猛扑过去牢牢地抓住猎物。

e）很容易将肉撕碎、咬烂。

你愿意试试吗？

祝好！

苏伽特

2009 年 7 月 6 日，四年级的 24 名学生满怀热情地回答了那 5 个问题。这几个问题探讨的是生物的适应性和生存优势，本是八年级学生的试题。我们要求学生使用电脑，四五个人一台，告诉他们可以做任何想做的事情，和任何喜欢的人交谈，如果他们觉得需要的话还可以四处走动。我对埃玛解释，我是在复制印度墙洞实验的环境。然后，埃玛和我撤到教室的角落。大约 30 分钟之后，各组分别在纸上写出了问题的答案。等全部小组提交了答案后，我让每个小组根据自己的喜好编一个问题，再让每一名学生在不使用互联网的前提下单独回答这个问题。这之后我就离开了学校，让埃玛留着答案，在两个月后再拿出这些问题让孩子回答，不能使用互联网。我还让她将评分制成表格，然后联系我——你们看，我们教授就是这样做事的。

7 月 9 日，埃玛写信给我，告诉我第一次测试的结果。

> 测试结果是这样的：
>
> • GCSE 问题得分
>
> 第一组：5 分
>
> 第二组：5 分
>
> 第三组：4 分
>
> 第四组：3 分（只回答了 3 个问题）
>
> 第五组：2 分（只回答了 3 个问题，而且其中一个答案是：北极熊的毛不是白色的！！这组孩子不愿意一起做！）
>
> • 自组织测试
>
> 7 个孩子：1/5[1]
>
> 13 个孩子：2/5
>
> 2 个孩子：3/5
>
> 1 个孩子：4/5
>
> 1 个孩子：5/5
>
> 希望你对此感兴趣。

[1] 她的意思是，对于孩子们自己出的 5 道试题，有 7 个孩子答对了 1 道，有 13 个孩子答对了 2 道，以此类推。——作者注

从这个数据中我们能观察到什么呢？几组学生可以提前几年回答GCSE考题，而且在小组里学习，许多学生可以将答案转化成自己的理解。那么他们能记住所学内容吗？

在第一次实验的3个月后，埃玛按照原定计划，对这些孩子再次进行了单独测试。2009年10月7日，她写信给我：

> 嗨，苏伽特：
>
> ……上个星期，我测试了这些孩子，结果如下：
>
> 测试人数：23
>
> 9个孩子：5/5
>
> 7个孩子：4/5
>
> 5个孩子：3/5
>
> 2个孩子：2/5
>
> 我觉得成绩很骄人。答案写得很好，用词很准确。我是按照原来小组任务的方式评分的。孩子们很快做完了试卷，没出现任何问题。
>
> 希望这对你有用。

一个小秘密：

我们都知道，水冷却后，体积会收缩。但是当温度低于4℃，水又开始膨胀。这就是“反常膨胀”，如此而已。

我仔细进行了核实，并确认在此期间孩子们没有被“教授”过任何相关内容。几个月后，他们怎么会比第一天考得更好呢（见下页图1.5）？我真的有点儿吃惊。对我来说，这是种“反常学习”，即你无法预期的学习。这个小研究的结果提供了另一个风向标，指向学习的未来。

在下一个学年里，我们做了一系列实验。四年级学生变得极其自信，所以我们决定将问题设计得更难一点儿。他们做了GCSE－A级试题（通常是给十二年级的学生做的），边做边大声笑着，叫着。下页图1.6显示了部分数据。

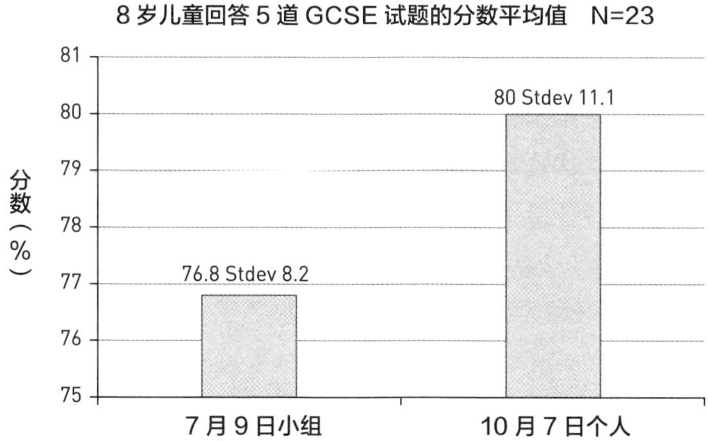

图 1.5 8 岁儿童的学习记忆保持情况

来源：Mitra & Crawley (2014)

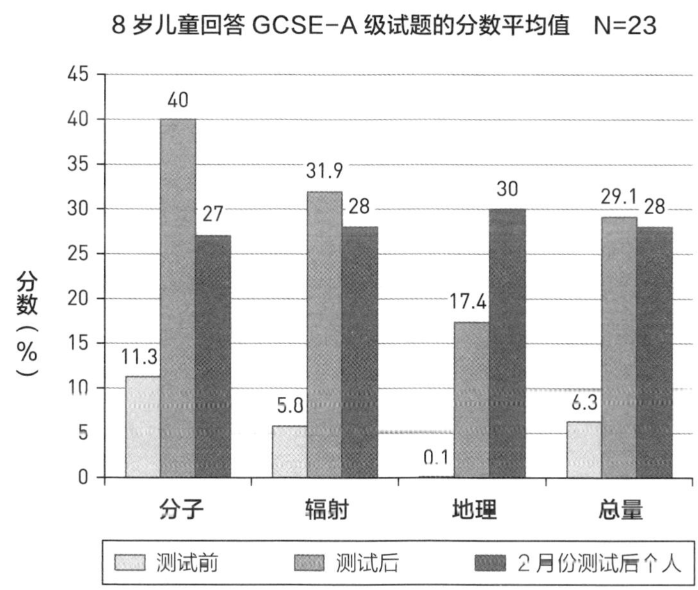

图 1.6 8 岁儿童做 17 岁学生试题后的记忆保持情况

来源：Mitra & Crawley (2014)

这个研究在2014年发表时，我在自己的推特上发布了它的在线链接。那时，我有2万名关注者，许多都是老师。好几个老师读了论文，并在他们的课堂上复制了这项研究。他们说，大部分情况下结果完全像我描述的那样。这是我首次体会到社交媒体在科学领域的威力。老师们通常不会去阅读学术期刊，他们没有时间，也没有这个爱好，但是推特和脸书这样的平台却给了老师快速浏览学术研究的机会，使他们能够了解与自己的工作有关的研究成果。

我不得不给这种学习"方法"起个名字了。我不能再称其为"墙洞实验"了，因为它并不局限于墙上，而是进入了教室。但是在这样的教室里，轻度的混乱取代了秩序，自发的秩序有望产生。我们为所做的实验找到了另外一个名称——"自组织学习环境"（Self-Organized Learning Environment，简称SOLE)。

从2008年到2009年，在与埃玛·克劳利的学生合作期间，我一直穿梭于印度和英国的盖茨黑德之间。在印度，我的同事和我设立了第一批SOLE，作为印度学校的电脑实验室。我们没有资金，只有我在各大会议上发表主旨演讲的酬劳。

2009年：奶奶云

我们在几年间做的许多实验表明，给儿童群组（包括在不同地方操不同语言的各类儿童）接触电脑和互联网的机会，他们就能够：

1. 独立弄懂电脑——学会用电脑上网，以完成非专业用户要做的大部分任务。
2. 自学英语来发邮件、聊天、使用搜索引擎。
3. 在几个月内学会网络搜索，寻找问题的答案。
4. 自己改进英语发音。
5. 提高数学、科学成绩。
6. 评价观点，识别教化和宣传的区别。

我们提出了一个新的驱动问题："学生使用互联网理解事物是否有上限？"

把赞赏当作教学方法：卡里库潘实验

为了回答这个新问题，丽图·丹瓦尔和我于2010年在印度南部的一个村庄卡里库潘（Kalikuppam）做了下面这个实验。我们设计了一个我们觉得孩子们不可能回答的问题："DNA的复制过程是怎样的？"那些在卡里库潘讲泰米尔语的12岁儿童，能在无成人指导的情况下，学习并理解从墙洞电脑中找到的关于DNA复制的英文材料吗？

让我惊讶的是，他们能！

在墙洞的电脑里，我们下载了大学水平的生物技术材料。两个月后，我们随机抽样来测试这些儿童，并与德里一所私立学校的儿童进行比较。在那里，同样的学习材料由一位经过培训的老师教授。

卡里库潘的孩子通过自己的努力，从几乎0分进步到30分。这本身就非常令人震惊，因为他们在使用一门他们几乎不懂的语言进行搜索，而学习主题又比他们的正常进度提早了好几年。但是我想知道，他们的得分是否还可以再高一点儿。如果想要达到这个目标需要做什么？要找个老师来教吗？

既然在卡里库潘找不到生物化学老师，我决定使用"中介人"——一位态度友好的成年人。这个人只需要鼓励孩子，对他们说一些鼓舞人心的话，比如："我的天，你们是怎么弄明白的？"或者"这个内容凭我自己可永远也理解不了。"就像奶奶赞美她的孙辈那样。这位中介人可能没有什么生物化学方面的知识，但她爱孩子，喜欢赞美孩子。我称此为"奶奶的方法"。几个星期后，这个方法将卡里库潘孩子的水平提高到了德里城市学校中由生物化学老师教的年龄更大的孩子的水平（见下页图1.7）。

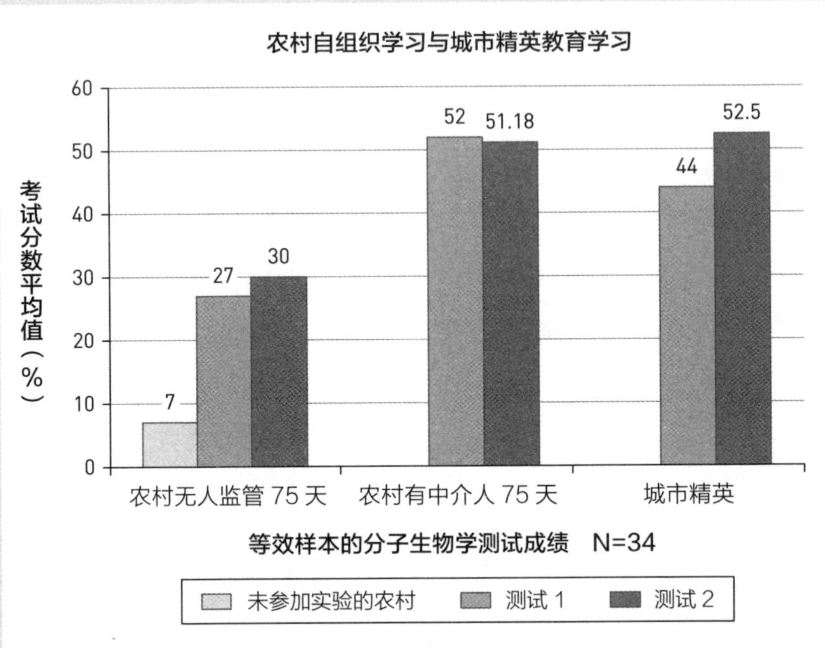

图 1.7 12 岁的孩子能够自学 DNA 复制吗

来源：Mitra & Dangwal (2010)

卡里库潘给我们上了两堂重要的课。

1. 我们需要分享这个信息。2006 年加入纽卡斯尔大学之前，我在牙买加举行的泛英联邦论坛（Pan Commonwealth Forum，简称 PCF）上做过演讲。我对自组织学习所做的描述被认为"天真幼稚"。卡里库潘实验之后（2010 年），我开始在讲座中使用新的幻灯片，上面是这样写的："让儿童以小组的形式接触互联网，他们可以自己学会一切。"此时再没有人说这个想法天真幼稚了，但说它很危险。只要你是天真幼稚的，人们就不理睬你；而如果你是危险的，人们就开始攻击你。
2. 赞美是一个强有力的学习工具。赞美为自组织学习提供了支持。我称这种方法为"最低限度侵入式教育"。

我认为“奶奶的方法”拥有无限的潜力，于是还想再试试。它在即时通信软件 Skype 上是否一样有效？这项技术能不能让边远地区的家长和孩子同样得到他们想要的教育呢？

在纪录片《云端学校》的片段中，你可以听到克里莎奴（Krishanu）的父母谈论儿子所能接受的教育，以及他们希望儿子接受什么样的教育（见视频 1.1）。

Skype 奶奶

电影《贫民窟的百万富翁》上映后，《卫报》（*The Guardian*）的卢西·托宾（Lucy Tobin）采访了我，并将采访的标题定为《贫民窟教授》，一个挥之不去的名字。

她在文章结尾写了下面这段话：

> 为了开展一项极具创新性的项目，他还在海德拉巴（Hyderabad）的学校里安装了带 Skype 电话通信服务的电脑，在离他纽卡斯尔办公室不远的地方也装了类似的电脑。“当我最后一次访问印度时，我问孩子们最想用 Skype 做什么。让人感到惊讶的是，他们想让英国奶奶给他们朗读童话故事。他们甚至计划好每周拿出 1 英镑来付学费。”米特拉如是说。（Lucy Tobin，2009）

《卫报》的编辑在文章结尾加了这么 行字：

> 任何想参加童话故事朗读的人需要连接宽带，保证声音清晰，每周有几个小时的空闲。联系人：sugata.mitra@newcastle.ac.uk

文章刊出几天内，邮件如潮水般涌来。

我在布宜诺斯艾利斯的同事梅布尔·奎罗加（Mabel Quiroga）拟定了一份志愿者名单。为了给我们的新志愿者提供一些指导，我制定了一个简要的“奶奶工作法”：

- 不要施教。
- 进行交谈。
- 提出问题，让孩子自己找答案。

换句话说，他们可以通过 Skype 上一堂 SOLE 课。正如杰姬·巴罗（Jackie Barrow）奶奶后来所说：“那是一场会议，而不是一堂课。”

我们决定将这些志愿者称为“奶奶云”（The Granny Cloud）。不管年龄与性别如何，这些成员们愿意称自己为“云奶奶”。

梅布尔很快建立了一个网页供云奶奶使用和排课。为确保一切正常运行，我请印度浦那（Pune）来的苏尼塔·库尔卡尼（Suneeta Kulkarni）监理网页使用和排课情况。她后来成了“奶奶云主任”。

“奶奶云”的开发就这样断断续续地进行着。

第一批来应聘的是朱迪丝·西斯梅（Judith Sismey）、黑兹尔·戴克斯（Hazel Dakers）、瓦尔·阿尔蒙德（Val Almond）、莉兹·菲英（Liz Fewings）、安妮·托马斯（Anne Thomas）、罗斯玛丽·诺布尔（Rosemary Noble）、戴安娜·纳达里尼（Diane Nadalini）、海伦·斯科菲尔德（Helen Schofield）和杰姬·巴罗。对我来说，这些都是儿童教育史上重要的名字。

特别是杰姬·巴罗，她成了我们这个团队中最有影响力的人物。她住在英国曼彻斯特附近，能够清晰地读出“Llanfairpwll-gwyngyllgogerychwyrndrobwllllantysiliogogogoch”（威尔士一个村庄的名字）。对此你还能要求更多吗?

自那以来，杰姬与成千上万来自印度及其他地方的孩子进行了互动。认识她真是我的幸运。

在 2009—2011 年间，“奶奶云”慢慢成熟、发展。云奶奶们用博客记录他们的课堂，并在世界范围获得了知名度。

你在 YouTube 和脸书上搜索“Granny Cloud”，即能得到很多相关的参考文献。你还能在奶奶云的网站（链接 1.1）和脸书群组上找到例子和材料。一段名为《盖茨黑德的奶奶云》（*Gateshead Granny Cloud*）的 7 分钟视频就是非常好的一个例子（见 视频 1.2）。

一位名叫苏·达克沃思（Sue Duckworth）的奶奶简要描述了她上的一节课：

> 两个星期前，在 MANAS 红色小组等待着我的是 10 张急切的脸庞。我们简要回顾了上一周做的内容，那是针对蜜蜂开展的讨论。他们都记得牢牢的。为了延续这一主题的学习，此前我已经用电子邮件给他们发了一首叫《蜜蜂》的诗。他们逐一将这首诗读给我听，这花去了我们许多时间。然后我向他们展示如何折纸鸟。很快我们就让纸鸟在教室里飞了起来。看起来他们真的很喜欢这个活动。很快我们的时间到了，孩子们高兴地向我告别。(Granny Cloud Facebook Group，2018)

2010 年，云奶奶们开始举办（线下）会议——一场在伦敦，大的一场在印度（2016 年），其间他们访问了一些孩子生活的地方。在此之前，他们与这些孩子仅仅通过 Skype 交流。印度偏远地区的孩子们很惊讶地发现，他们的云奶奶竟是真实存在的。“奶奶云”现在活跃在世界各地，从印度到格陵兰岛，从英国到哥伦比亚。这些“云”对儿童产生的巨大影响才刚刚开始被记录下来。

2016 年，我提议集资建一个新的奶奶云网站，核心小组否决了这个提议。该小组成员认为，他们可以自己解决这个问题。这对我来说是个欢欣的时刻，就像孩子到了要离家的时候。到 2016 年底，我没有出资，也没有参与，新网站（thegrannycloud.org）上线了。我从未收到登录邀请。“奶奶云”已经长大成人了。

“

他们先是无视你。然后他们嘲笑你。再后来他们攻击你，要烧死你。最后他们为你建立了丰碑。

——尼古拉斯·克莱因（Nicholas Klein）

1918 年 5 月 15 日

在巴尔的摩美国服装工人联合大会上的演说

2007—2009 年：海德拉巴项目

我们在印度海德拉巴（Hyderabad）所进行的为期三年的项目，研究了技术和教学方法的干预如何提升为贫困孩子设立的私立学校的教育质量。该项目由纽卡斯尔大学詹姆斯·图利教授资助。我穿梭于印度与英国之间，因为当时盖茨黑德项目在同时进行着。

海德拉巴是一座拥有 800 万人口的繁华城市。20 世纪 90 年代，它成了软件与信息技术中心，向世界许多地方输送软件工程师。该市的老城区遍布贫民窟，那里居住着小店主、人力车夫和临时工。

我们工作的前提是：那里没有好的学校，好的老师不能或不想去那里。在没有学校和老师的情形下，儿童也能够自己学习吗？

我们发现，如果让孩子们在大的公共可视屏前学习，就不需要采取什么过滤措施或其他监视手段来防止电脑“误用”（通常指浏览网上的色情内容或其他不好的图像）。在任何路过的人都能看到他们在做什么的公共场所，男孩和女孩们倾向于关注不会给他们带来麻烦的事。

> 隐私提示：
>
> 家长要记住这一点：将家里的大屏幕电脑放在公共区域，比如家人看电视的地方，通常来说可以使电脑的使用符合社会的规范。我觉得这有助于孩子习惯这种上网方式，而不是独自盯着他们的小屏幕。这种方法恐怕也适用于成年人！

我们的 SOLE 实验室均配有 9 台电脑，接入宽带和互联网，可供 36 名儿童使用。

电脑 3 台一组，围成一圈，这有助于更大群组之间的互动（见下页图 1.8）。孩子们以小组为单位进行学习，利用网络或其他软件跟进课堂活动或项目，或做他们感兴趣的事。这为学习者创造了搜索课程相关内容或其他信息的机会。

我们在电脑中装入能帮助孩子们学英语、数学和其他科目的所有“有用”软件。苏尼塔在几周后发现，每当孩子们自由上网时，他们都会自发地搜索，而不是去做安排好的活动。在海德拉巴项目的整个进程中，我们在以下四个方面看到了有趣的变化和进步：互联网的运用、儿童的志向、英语的进步以及自组织行为。

图 1.8 海德拉巴的一间 SOLE 实验室

你能看出设计的缺陷吗?

⁘ 互联网的运用

教师经常不让儿童自由上网，担心他们只“玩游戏”。如果让他们搜索特定问题的答案会发生什么呢？为回答这个问题，四个 SOLE 实验室设计了一个涉及 GCSE 试题的练习。然而令我们惊讶的是，三年级的孩子从来没上过网，根本不懂“上网搜索”这个概念。

这样，在 2009 年 11 月，另外一间 SOLE 实验室——那里的孩子大一点儿（五年级到七年级）——也尝试了类似的“搜索”活动，想看看它是否有发展潜力。这些孩子之前也很少接触互联网。尽管他们能够通过大一些的孩子在电脑上留下的网站链接玩游戏，但这还是他们第一次使用谷歌或其他搜索引擎。我们要求他们找出“世界上最高的大楼”，他们就满腔热情地开始琢磨如何使用搜索引擎来获取信息。这是个开端。从他们搜到的答案中可以看出，他们在接触网络很短时间内就有了使用搜索引擎的能力，尽管他们有限的英语水平严重影响了他们理解获取的内容。

我们又将练习推进一步：我们鼓励孩子们搜索他们课本里问题的答案，最好是他们正在上的课。他们又一次热情洋溢地去完成这个任务，而事实证明，他们能够找到“正确”答案。

关键是要持续不断地激发儿童的好奇心。他们愿意接受挑战。

自发搜索

有些小组开始使用谷歌搜索。我发现，一组七、八年级的男孩（希达亚斯、阿西姆、亚西姆……）在观看一张人体图。我问他们在搜索什么，他们回答“骨头”。虽然这与解剖学有点儿关系，但他们似乎不知道两者的关联。他们偶然间点击了“红色”这个词，就进入一个完全不同的网页。他们意识到这不是他们要寻找的东西（那网页显示了红颜色、花朵等），便回到原来的网页……他们后来发现了大脑、肾脏、耳朵等图片。坐在旁边电脑前的另一组男孩正兴致勃勃地盯着自己的电脑，等我来到他们身边时，他们说他们也知道怎么搜索。校长并不知道儿童有这种能力，在我将这个信息告诉她后，她开心地拍了拍自己的头，既诧异又惊奇。

2008 年 11 月 28 日

儿童的志向

项目早期，儿童在兴趣、志向以及对未来的期望方面发生的变化，可谓最引人注目的一个部分。苏尼塔观察到的这类故事诠释了 SOLE 对儿童的志向所产生的有力影响。

英语的进步

在我们从别的国家引入中介人（云奶奶）之后，我们注意到，儿童在英语理解上取得了显著进步。这些云奶奶的母语是英语，他们来自法国、斯里兰卡、澳大利亚等遥远的地方。通过 Skype 视频，云奶奶们声情并茂地给孩子朗读故事，和他们进行轻松的会话，以便他们学到这门语言的发音和韵律。苏尼塔看到，五六岁的孩子在第一次用 Skype 与云奶奶互动时，一遍又一遍地“模仿”并激动地说出他们感兴趣的词语。

自组织行为

在观察中特别让我们感兴趣的是，自组织原则开始发挥作用了。

苏尼塔记录了 SOLE 对儿童社交技能的各种影响。她记录下孩子们的各类互动、总会发生的冲突，以及解决这些冲突的方法。在互动中，孩子们显然使用了分享、轮换、行使小权威等方法。特别是孩子们在与不太熟悉的人相处时，使用这些方法很有成效。

自己制定规则

苏尼塔记录如下：

设在印度西部马哈拉施特拉邦谢尔盖恩高中（Shirgaon High School）的 SOLE 开放的第一天，一大早就来了大约 10 个孩子，后来又有好几个孩子加入探索绘图（Paint）、谷歌地球和谷歌地图等软件的行列。

一名叫拉加德的孩子从城中堂弟的云盘那里下载了游戏。不幸的是，他同时下载了病毒，这使互联网运行速度变慢。但是孩子们通过制定“不得使用云盘”这一规则，解决了这个问题。

2009 年 5 月 17 日

来源：Kulkarni & Mitra (2010)

2010 年，海德拉巴项目进入扫尾阶段。苏尼塔看到，开设实验室的学校仍不清楚 SOLE 的目的，家长也不例外。设备常常关着，也没有得到很好的维护。那里的卫生状况极差，家具被随便拿到学校别的地方去用。因此，孩子们不能经常来这里学习。最令人沮丧的是，我们不能像期望的那样，让孩子们尽可能多地使用 SOLE，因为我们得不到学校的支持。

苏尼塔和我原本打算把我们在英国做的实验按原样复制到海德拉巴。我们试图将我们在盖茨黑德做的GCSE试题用于海德拉巴学校的学生样本，结果根本没有获得同样的结果！但是，从海德拉巴项目中我们确实学到了很多，明白了什么事是我们不应该做的。海德拉巴项目已经结束了，我们需要一个新的项目来继续检测我们的结论。

苏曼特拉·罗伊（Sumantra Roy），加尔各答一个很成功的年轻企业家很偶然地联系了我。

2012年：印度戈萨维瓦斯蒂的阿特拉斯学习中心

苏尼塔和我同苏曼特拉·罗伊分享了我们从海德拉巴项目中得出的结论——为了让SOLE正常运转，我们需要保证：

- 儿童具备英语或网上使用较广的一门语言的阅读理解技能。
- 儿童能够充分、自由地使用电脑。
- 找到愿意使用这个方法的机构。

我们在海德拉巴运作SOLE的经验，强调了触及的重要性，且表明这在那些专制的学校很难成功，或许它们觉得这种由学生主导（自组织）的方式是一种威胁。

为了帮助学生学习，苏曼特拉热切希望资助一个研究阅读技能发展的SOLE项目。这个项目应是独立运行的，与任何学校都没有关系。

2010年，在印度西部一个联网条件较好的农村地区塔莱尔（Talere），我们建立了第一个独立运行的SOLE。最初的评估显示，孩子们的英语阅读及理解能力几乎为零。小一点儿的孩子只认识字母和个别单词，大一点儿的孩子看起来也只能阅读简单的故事。但即便使用母语，他们也无法解释阅读内容。

当地民众很欢迎我们为此付出的努力。在几个月的时间里，一个由20人组成的儿童小组使用了我们提供的设备。从这个试点项目中，我们吸取了一些重要的教训：

- 我们可以通过独立的机构，让儿童自由、充分地使用 SOLE。
- 游戏很受儿童的欢迎，但其指令都是英文的。即便如此，他们要想打赢游戏，也没有必要先去学习英文阅读或理解，因为即使游戏指令是英文的，他们仍可通过不断试错来打赢游戏。
- 为激发他们阅读和理解英语的兴趣，我们提供的内容要对儿童的家庭生活和学校生活产生影响。
- 光靠触及还不足以改变他们的阅读技能。这真是个挑战！

戈萨维瓦斯蒂（Gosavi Vasti）的 SOLE 阿特拉斯学习中心（Atlas Learning Centre，简称 ALC）设在城市的一个贫民窟中。这是个粗野之地，走在路上你经常能听到争吵和谩骂。你可以看到那里的居民在“房子”外面打牌，喝酒。那些房子的地面坑坑洼洼，屋顶是铁皮做的。

该学习中心设在一个约 3 米 ×3.7 米的小房间内，可以放置两台电脑。房间有两扇小窗户，屋顶由铁皮搭成，地面高低不平。那些来这个中心学习的孩子就住在附近的贫民窟，他们在 8～14 岁之间，结成了一个典型的混龄小组。

这些孩子很好斗，因一点儿小事就能厮打起来。虽然他们对街头那一套很在行，很有社会经验，却没有读书学习的技能。因而这个玩电脑的机会对孩子和家长来说都具有吸引力，因为在学校也好，在家也罢，这种资源都极其有限。

早期观察发现，一些孩子连英语字母都认不全。虽然他们费点儿力气还是能识别一些单词的，如“cat”“dog”“ball”，但其他单词就不认识了。因此，他们几乎可以算得上英语盲了。

苏尼塔决定进行最低限度的干预，鼓励这些孩子接触英语。在一堂 90 分钟的课上，如果他们能够利用开始的 30 分钟探索新内容，他们就可以玩一个小时游戏。假如给他们足够的时间，不对他们提出要求，他们也能像墙洞实验里的孩子那样去学吗？我们永远无法知道答案，因为我们没有那样的时间。

最低限度的干预包括鼓励孩子在开始的30分钟内，利用在线资源以及事先已经下载的材料，到一些推荐的网站上去搜索任何他们想获取的内容，比如听故事、听歌，或者在五六个推荐的网站上挑选自己喜欢的游戏玩。

这种“半结构化”的时间安排是进行干预的一个重要方面，因为早在2012年5月的观察中我们就发现，将这个时间安排到课的最后没有作用。显然，孩子们都不愿放下手中已玩熟的两三个游戏而去尝试别的。

几个月后，这些孩子开始阅读了。

2011年，塔莱尔学习中心曾一度关闭，戈萨维瓦斯蒂的学习中心也苦苦挣扎着寻求资源，最后还是一个月一个月地挺过来了。2017年以来，学习中心开始定期与云奶奶们互动。尽管当地的主流观点是：“没有教师也能搞教育？荒谬！”但据我所知，当地的社区也在想办法集资，来激活和维护这些学习中心。

自组织学习的最大阻碍是：那些平庸的学校和贫穷的家长无法接受观念上的突进，因而看不到SOLE的价值，看不到儿童在那里一边玩一边能学到什么。我们也没能让学校领导和家长放弃传统，接受创新。我知道，只要社区对儿童的自学能力持有共同的愿景和信念，SOLE在平庸的学校和贫穷地区还是有机会成功的。

来自荷兰的社会科学家佩亚尔·阿罗拉（Payal Arora）在2009年访问印度时，发现了2002年墙洞实验后被废弃的一个学习站（因为资金已用完，电脑已移走）。她写了一篇催人泪下的文章，形容墙上的空洞像一个空荡荡的眼窝一样凝视着她（Arora，2010）。一位名叫唐纳德·克拉克（Donald Clark）的博主写了一篇犀利的文章，说“墙洞几乎没什么用”（Clark，2013）。

有人说，当你跌入谷底，就只有一条路可走，那就是向上。SOLE像一个巨大而骚动不已的气泡，从最底部[1]喷薄而出，再次闯入这个世界。

[1] 这里用的是Down Under，即澳大利亚之意。既取其字面意，又取其实际意，一语双关。——译者注

我宁愿接受无法回答的问题，也不愿接受无法质疑的答案。

——理查德·费曼（Richard Feynman）

2010 年：关键时刻——全球实施

在另一个自发秩序的例子中，发生在澳大利亚的一件事将 SOLE 推向全球。

澳大利亚墨尔本市

2010 年，我收到了一封来自澳大利亚维多利亚州公立教育办公室副部长的电子邮件，邀我为 3500 位校长和副校长做一场演讲——他们领导着维多利亚州的 1600 所公立学校。这还是第一次政府部门和我联系。对 SOLE 的全球发展来说，这是个转折点。

演讲安排在墨尔本，这天是个“大日子”（2010）。那是我面对过的人数最多的听众。在那次旅行中，我有机会访问了墨尔本市内及周边的一些学校，并在演讲之后向这些学校展示了 SOLE。正如孩子们一直所表现的那样，他们出尽了风头。

我问孩子们这样的问题：“什么是雷电？是什么让天空发出这么大的光亮和声响的？”

那些 10 来岁的孩子花了仅仅 15 分钟就得出了第一批答案——电荷分离、电离作用、放电。但是他们真的理解了吗？我看到在一旁观看的老师眼里发出胜利的光芒，似乎在说：“看到了吗？他们只是跟着谷歌鹦鹉学舌而已。”

我问一个女孩电荷分离是什么意思。她说不知道。我告诉她，可以问问朋友。

窃窃私语的交流开始了。“正负电荷相互吸引，因此如果你将它们分开，它们会想方设法相聚。”她宣布。

“空气电离成正负电荷，变成离子。”后面的一个男孩说，“它们很快又聚到一起——嘭！”大家都笑了。

“天哪！闪电就是这么产生的？”我问，“那么你们说的那些离子呢？”谁也不知道了。

“我们已经很接近答案了，不能就这样放弃，对吗？为什么不去搞明白什么是离子呢？”

于是孩子们又闹哄哄地上网搜索、相互交流、重新分组。教室里有4台电脑、20个孩子。在一旁观察的老师们窃窃私语着，其中一位老师来到我面前说：“班上有一个土著女孩，我们需要对她特别关照吗？”

“不需要。别打扰他们。”我虽然嘴上这么说，可心里想着别出什么乱子。

30分钟过去了。孩子们说已经准备好了，要告诉我们答案。4个孩子来到教室前面，一个女孩描述了电子如何剥离或加入原子，从而产生离子的过程。

“一个离子上的净电荷等于质子总数减去相关原子中的电子总数。”她说完后咧嘴笑了。

这时，一双小手举起了一幅画，上面画着彩色的漩涡和圆圈，显示了质子和电子因为一个多余电子而变得鼓鼓囊囊的情形。

这双小手的主人就是那个土著女孩。

“凡是她理解的东西，她都会画出来。”她后面那个爱说话的男孩说。孩子们要比老师和我更了解她的文化。

回到英国后，我收到了西格伦罗伊小学（Glenroy West Primary School）校长布雷特·米洛特（Brett Millott）、豪景园小学（Belle Vue Park Primary School）校长保罗·肯纳（Paul Kenna）的信。那天在墨尔本的活动，他们两个都在场。

> 我和一个同事在我们学校五年级的两个班尝试了墙洞学习法，结果绝对让人惊讶。
>
> 学生搜索了鼠疫暴发的前因后果及其改变社会的方式。他们在很短时间内就发现了大量内容，也学会了有效协作。
>
> 我们所做的就是提出问题，分发记号笔，以便他们可以在白板上分享有用的网址。
>
> 到了下课时，学生还不想停下来。许多人回到家后继续研究。他们说他们感到自己很厉害，很聪明，很强大，并且喜欢这种任务的挑战及自由。

谢谢你给了我们灵感。

西格伦罗伊小学校长
布雷特·米洛特

听到这样的消息，我真的特别高兴。我将布雷特的信打印之后分发给印度和英国的老师们。埃玛、苏尼塔看到信后的反应，就像看到进球得分一样。

布雷特和保罗继续实践着 SOLE，后来我去墨尔本访问时也加入了他们的队伍。几个月之后，维多利亚州的孩子为我们指明了方向。

我们决定告诉你我们在墙洞学习上取得的进步。我们一些五六年级的老师在课堂上也开始将墙洞学习法作为一种教学策略了。

我们开始在两个学校的高年级推广这种方法。在每一堂课上，学生参与度和热情的提高都是显而易见的。

保罗和我一直在讨论，墙洞学习法为什么能与北部都市区的“高效学习项目”如此契合。

在过去的 12～18 个月间，我们将引入“高效学习策略”的第三个内容（好奇心），以此进一步提升学生的学习。

对我们来说，好奇心和学生的参与程度是并行不悖的，而你们的策略真的引起了我们的共鸣。

北部地区设定的目标与我们对这个话题的兴趣非常吻合。我们热切希望继续与你保持联系，以获得更多发现。

祝好！

西格伦罗伊小学校长布雷特·米洛特
豪景园小学校长保罗·肯纳

布雷特和保罗好几次来纽卡斯尔考察。保罗发了一封非常有用的电子邮件，提出了很多成功实施 SOLE 的真知灼见。

苏伽特、埃玛、苏尼塔：

你们好！

读到你们给布雷特和戴维的邮件，真是太棒了。你们提出了一个很有趣的问题……教师在给予学生自学空间的时候，如何才能保持评估的专业水准。我们的员工刚刚开始探讨……教育部要求教的内容和学生自己的学习目标之间如何调和。

我们的员工最近在每一间教室里都设了“奇迹墙”，运用探究的方法设计教学内容，提出大问题以激发学生，并设置了次级问题以进一步激励。这使老师得以创造性地教授系统的学习内容，增强学生的好奇心。我们已经放弃了“动物园”这样干巴巴的话题，转而提出如“动物应该生活在笼子里吗”这样的问题。

通过激励和交流来引发孩子思考之后，我们开始激发他们的兴趣，鼓励他们提出自己的问题和激励措施。然后，他们便可以小组为单位展开探索与研究。我们一直在对学生提出的相似问题进行分组和分类，然后组成研究小组，以便在研究中相互支援，一起讨论和学习，并以个人或小组的形式生成研究报告或成果展示。

我们既要求老师教授规定内容，又给予学生根据自己的问题自行寻找答案、追寻感兴趣的内容的自由，这样的教学非常有趣。很多时候，我们都是饶有兴味地观察学生的兴趣将会把他们引向何方，而他们的最终所获也让人吃惊。如果让老师来控制学生学习的方向，那么我敢肯定，学生的热情、参与程度以及学习方向会大不相同。

我猜想，学生在协作寻找信息、追寻自己的学习之旅过程中所做的“研究”，正是最困难的部分……它源自责任感。今年，我们将关注一个更大的问题：为学生设计更加明确的学习意图，让他们明了“成功的标准”与他们所做的探索之间的关联。

我们的专业学习团队（同级教学的教师群体，比如三、四年级）将在上述领域开展行动研究。我们要求他们开发能够促进探究过程的三项行动，以此作为绩效考核的一部分。他们还可以相互观察，相互反馈［使用类似于理查德·艾尔默（Richard Elmore）的教学查房[1]］。我们 E^5 教学模型[2]中的“参与”部分也可以给老师的研究提供支持。因此，这确实回到了发展教学策略的轨道上来，并释放了一些控制权，而这仍然是许多教师认为自己有责任掌握的。

我们还可以使用一种能力矩阵来支持这个过程，既给老师提供信息，也让学生知道他们的研究应包括什么内容，这可以兼顾学生的自由和课程的职责。比如：

兼顾学生自由和课程职责的一些做法
告诉学生将要学什么，而不是将要做什么。
向学生解释老师将用什么来判断他们是否学会了。
将学习意图和成功标准作为给学生提供反馈的基础。
避免只评分、只打钩这样的反馈。
反馈需包含对学生成就的认可以及如何提高的建议。
使用“等待时间”和“思考时间”。
提出开放式问题，而不是封闭式问题。
从提问中获取信息，以形成教学计划。

[1] 教学查房（instructional rounds）是学区和学校为了更好地了解学校教学工作，找出问题根源所采取的一种观察方式。通常为 20～40 个教育者组成观察团，对多间教室进行一系列访问，以观察教学核心内容。最终形成的观察笔记，用于创建全校教学实践数据图。教学查房的目的在于描述课堂上发生的情况，并与教育者分享观察结果，而不是评估。——译者注

[2] 这一模型注重通过一系列既定步骤或阶段，让学生逐步理解一个概念，它包括参与（engage）、探索（explore）、解释（explain）、阐述（elaborate）、评估（evaluate）五个阶段。——译者注

依据学习意图和成功标准鼓励同伴之间的反馈，为学生的反馈创造友好和相互支持的环境。

鼓励学生自我评价、自我评估，给学生提供榜样以及拓展这方面技能的机会。

再会，祝一切顺利！

豪景园小学校长保罗·肯纳

2011 年 4 月 7 日

保罗的分析是超前的。这是几年后将会在全世界发生的事情。后来的事实证明，他对评估的关注和思考将是我面临的最大挑战。对于兴趣将会把学生引向何方，保罗的观察超乎寻常。有一天，这些将会引导我定义教师这个角色——“你去哪里，我去哪里”。

到 2012 年，两位校长开始收到澳大利亚各地的邀请，又去了新西兰探讨这项工作。SOLE 开始在澳大利亚和新西兰铺开。

阿根廷、乌拉圭和智利

2005 年，设在阿根廷的英国文化教育协会邀请我去布宜诺斯艾利斯做报告。这是我第一次访问南美洲。我向一大帮英国教师讲了儿童如何以小组为单位，通过上网以及做有趣的事情来学会英语阅读和理解。告诉英语老师儿童可以自己学会英语是不对的，但是恐怕我还会再犯几次这样的错误。

在 2010 年另一次访问阿根廷的时候，我受邀到布宜诺斯艾利斯大学做报告，并拜访了城市及郊区的好几所学校。就是在那里，我第一次上西班牙语的 SOLE 课，阿根廷人梅布尔·奎罗加做翻译。那些孩子和我玩儿得十分痛快。也是在那里我发现，只要当地有这门语言足够的在线资源，SOLE 在任何语言环境下都行得通。

在整个 2010—2013 年间，拉丁美洲成了我生活的重心。梅布尔和我一起访问了乌拉圭，与“每个孩子一台笔记本电脑”（One Laptop Per

Child，简称 OLPC）项目做了几个阅读理解实验。OLPC 项目开展 5 年之后，乌拉圭孩子的阅读能力似乎比大部分其他国家的孩子都好。但是让人感到奇怪的是，每当我们给孩子一项任务，即便他们人手一台电脑，也总会聚在一起。这再一次证明，理解力是在群组中形成的（Mitra & Quiroga，2012）。

> 老师不仅不需要知道他们所提问题的答案，甚至不需要懂孩子们讲的语言！互联网是个多么了不起的游戏规则改变者！

2011 年 6 月，我受邀去智利。我在圣地亚哥的几所学校上了几堂 SOLE 课。其中一堂课特别有意思，因为我没有翻译。我不懂西班牙语（只知道 baños[1]），孩子们也不懂英语。我们整堂课都用谷歌翻译。这比通常的时间长一点，但一切进展良好。老师不仅不需要知道他们所提问题的答案，甚至不需要懂孩子们讲的语言！互联网是个多么了不起的游戏规则改变者！

回到布宜诺斯艾利斯后，梅布尔将我带到一所镇上的学校，那里的大多数孩子都会干些小偷小摸的勾当。我打算在那里上一堂 SOLE 课。班上有 20 个孩子，年龄 17 岁，个个看起来死气沉沉、没精打采的。我这个长相奇怪的陌生人的到来，似乎令他们十分厌恶和反感。

我问他们为什么我们的头发颜色不一样。没有反应。好吧，那换一个问题："我们为什么有头发呢？"后面传来咯咯的笑声。"来，告诉我有什么好笑的？"我恳求道。

"他在说我们不是全身什么地方都长头发。"一个姑娘说完又咯咯笑起来。

"哦，是的，为什么我们在一些地方有头发，在另一些地方没有呢？我经常很纳闷。"我说完，梅布尔带着严肃的表情替我翻译。这时爆发出哄堂大笑。

"你们想上网搞清楚吗？他们让你们在学校使用网络吗？"我问。

"不是用来做这个的。"一个爆炸头男孩说。

[1] baños 是西班牙语，意思为"洗手间"。——译者注

“这样，我们试半个小时，然后你们来告诉我你们的想法。”

“教室里只有 5 台电脑。”有人说。

“这我可没办法，你们看着办吧。”

孩子们叽叽喳喳了大约 10 分钟才开始，此时又传来更多的咯咯笑声。

“大多数关于这个问题的网页都被屏蔽了。”一个学生说。

“好的。”我说。

半小时后，这些十几岁的孩子几乎把我们两个人忘了。他们正在深入讨论有关性的问题，你能猜到的。等到报告观点的时候，两个女孩站了起来。她们讲到了隔热，讲到了因为在热带草原狩猎而丧失的体毛，还讲到了出汗这一人体功能的进化。

“那么其他的毛发呢？”在我用胳膊肘推了一下后，梅布尔问。

两个女孩指了指一个男孩，然后就坐下了。教室里安静下来。

然后，我们听到他们说气味，以及为了身份识别和性吸引而产生的腺分泌。笑声停了下来。

“非常好！”我鼓着掌说。

这堂课结束时，那些男孩都涌过来围着我，和我击掌，向我鞠躬！

我知道那天我不用担心口袋被掏了。

通过这堂课，我发现青少年热衷的问题与小孩子感兴趣的问题大不相同。青少年喜欢挑战，讲究实用，叛逆。他们喜欢挑战社会规范和禁忌。SOLE 的引导者要据此设计相应的问题。

SOLE 开始在阿根廷、智利、乌拉圭、巴西、玻利维亚、危地马拉和墨西哥扩散，还有其他许多我不知道的国家。

英国达勒姆郡

戴维·利特（David Leat）教授担任纽卡斯尔大学“学习与教学研究中心”主任已有超过 15 年之久了。在我还在摸索着试图理解自组织学习的时候，戴维正在研究探索式学习。我们走在同一条路上。戴维一眼就看出了两者在教学方法上的差异，便开始研究 SOLE。他指定了一位年轻助理保罗·多兰（Paul Dolan）来帮我将 SOLE 引入英国东北部的学校。

英国东北部包括诺森伯兰郡、达勒姆郡、泰恩-威尔郡和蒂斯河谷。这个地区拥有悠久的工业传统。塑料、尼龙、石化产品、盐、玻璃以及其他化工企业过去都设在这里。这里曾是英国钢铁和造船业基地。当然，这里也曾是煤矿开采中心。

这个地区具有优秀的技术创新历史：摩擦火柴、蒸汽机车、白炽灯泡、蒸汽涡轮机、液压技术等都是在这里发明的。但是自 20 世纪初以来，这个地区开始萧条了。当这些工业在英国消失之后，这个国家的东北部地区受到了经济低迷的重创。

2011 年夏天，保罗带着我走遍了达勒姆郡的所有学校。在短途的火车旅行中，我们想出了将 SOLE 介绍到那里的学校的方法。我先给老师上半个小时的课，讲讲“墙洞实验”的故事，以及在盖茨黑德圣艾登小学做的实验。然后我们走入教室，上一堂 SOLE 课，对象是 8～12 岁的孩子，老师们在一边观察。我不会有备而来，也不知道要问什么问题。相反，我会问一位老师，假如我没有来，她会做什么。之后我就设计一个问题，希望能得到相同的学习结果。下课后，我们回到教师办公室展开讨论。如果有时间，我们还会让一名老师上一堂 SOLE 课，其他人在一旁观课。这之后我们就离开，希望那里的老师可以自己试试 SOLE 课。几乎所有老师都采用了这种方法。

就在我们从一所学校到另一所学校的过程中，我们的信心开始增强。一旦孩子们知道自己是自由的，没人阻拦，他们就会跃跃欲试。在众多奇妙的经历中，有一个给我留下了很深的印象。那是所干净、漂亮的小学，主要招收弱势儿童。学校位于低收入区，那里的成人酗酒率极高。

“如果我不来，你会教什么？”我问那个老师。她说她在教英国历史。

“那么大英帝国部分你教完了吗？”我问。她看上去有点儿慌张。

“说起来有点儿难为情，”她说，“我们只是点到为止，然后就继续讲世界大战了。”

“你们听说过英属印度（British Raj）吗？”我问那些 9 岁大的孩子。他们摇摇头。

“你肯定这在政治上是正确的吗，苏伽特？”那个老师紧张地问。

“别担心，让他们去做。”保罗说。

我向孩子们解释了什么是 SOLE。对他们说，这是个实验，让我们看看能否得到一个答案。那些孩子拼命地点头。他们喜欢实验。

“什么是英属印度？它是好还是坏？”

“Raj 是什么意思？”一个男孩问。

我耸耸肩，并摇摇头。

SOLE 课堂通常就在这样乱哄哄的吵闹声中开始了。小组往往建了又分，分了又建。老师、保罗和我撤到教室的一个角落。我们成了隐身人。

一个由 4 个女孩组成的小组正在热烈地讨论。“苏伽特，我们找到答案了！”10 分钟后，她们说。

“我的天哪，太快了！”我说，“那么，答案是什么？”整个房间很安静。

“英属印度是南希尔兹（South Shields，附近一座海边城市）的一家印度餐厅。”其中一个女孩说，“我们正在网上搜索这家餐厅的菜单，看看菜是不是好吃。”

我倒吸了口气。保罗看上去也极为震惊。那个老师也尽量不露声色。但是从房间的另一边传来一阵骚乱。一个由 5 个男孩组成的小组之前一直在四处乱跑，骚扰别的小组，这时来到这几个女孩面前。

“那不是说餐厅的，傻瓜。那是说印度的。”他们边说边侧脸看向我。我想尽量装得无动于衷。

那几个女孩看了看别的小组的屏幕。SOLE 课堂又活跃起来，并进行了自我修正。

约 20 分钟后，我问大家是否有什么要说的。一个男孩来到教室前。

“英国在印度的统治既好又不好。”他说，没有看我，“英国在印度做了很多好事，也做了很多坏事。”

“接着说，”我说，“请不要给我一个空泛的答案。亮出立场，告诉我是好还是坏——你的观点是什么？”

“还能再给我们 10 分钟吗？”那个男孩边问边看向同伴，想要获得他们的支持。于是 SOLE 课又开始了，这一次小组之间传来柔声交流和低低争论的声音。

“恐怕我们没时间了。”我说。

这时同一个男孩走了出来，用清晰、准确的声音说：“那是不好的。

英国在印度做了很多好的事情，但是谁也没有让他们这么做。”

我边鼓掌边告诉他们，我还没有听到过比这个更好的答案。他们的老师惊得睁大了眼睛。保罗说我们得去喝点儿茶了。这堂 SOLE 课就这样结束了。

自从这个实验之后，我看到过很多错误认知通过小组间的互动得到修正的 SOLE 课堂。SOLE 能自我纠错。老师和家长仍然很担心充斥于网络的垃圾，会让孩子学到错误的概念和观点。我没有看到过这样的事发生，除非 SOLE 课堂没有遵循一些条件（互动、不加监督、自组织小组）。这个发现非同凡响。设想一下，如果成年人不是独自在家阅读充满偏见的文章，而是在一个可以相互纠正的小组中阅读，那会发生什么呢？我们的社会又会有什么不同？

哦，对了，一些话题确实可能使儿童从网上学到错误的概念和观点，比如宗教和政治。如果你没有足够的勇气，就不要在 SOLE 课上涉及这样的内容。

与 SOLE 相伴的日子充满了热切的期望，又常常以惊叹而结束。

我们是否真的有所收获呢？这么说吧，有许多老师继续独立尝试着 SOLE。消息从一间教师办公室传到另一间——SOLE 很酷。

我得到的最大回报来自一年之后英国教育标准局（Office for Standards in Education, Children’s Sevices and Skills，简称 Ofsted）的报告，这是继澳大利亚后第二个政府部门注意到了这项工作。Ofsted 直接向英国国会报告，这就决定了它的独立与公正。根据法律，该办公室必须检查学校，旨在向家长提供信息，改善办学，让学校负起责任。学校对它是既爱又恨，因此，关于这个办公室，有许多让人神经紧张的笑话。

下面是从 2012 年 12 月 11 日 Ofsted 报告中摘录的片段：

> 这个例子说明，米德尔斯通莫尔学校（Middlestone Moor School）在课程设计上的一个创新举措，改变了核心基础学科的授课方式。标准超过了平均水平，且学生的学业不断进步，个人发展不断提升。独立学习技能、规范和创造性写作技能、自信、对科学探索的理解都是很重要的，并且在很小的年龄段就开始发展了。社

会、道德、精神以及文化方面的内容都被精心地融入每一个话题。

报告还继续谈论了 SOLE 方法：

> 每一个话题还包括经过深思熟虑的社会、道德、文化和精神特征。作为学科学习的一部分，这些特征可以系统地解决儿童的个人发展问题。教师采用 SOLE（由纽卡斯尔大学教授苏伽特·米特拉首创）所建议的实例，提出开放式问题。比如：“人体最让人惊奇的是什么？”“哪些动物已濒临灭绝？为什么？”“如果世界是美丽的，为什么人们仍然担心呢？”“英国对印度的统治是好事还是坏事？”学生在引导下回答这些问题，学会组织研究任务。这些问题被有意设计得超出学生现有的知识水平和理解能力。(Ofsted，2012，pp.3–4)

这是对我的奖励，很难找到比这更好的奖励了。

美国马萨诸塞州剑桥市

2010 年 12 月，我惊奇地收到了一封来自我心目中的英雄的电子邮件。他是尼古拉斯·内格罗蓬特，传说中的麻省理工学院媒体实验室[1]创立者，OLPC 发起人。

> 苏伽特：
>
> 最近一两个月你会不会刚巧到美国纽约或波士顿？我这么问是因为我期待与你见个面。我越来越肯定，人在幼年，“没

[1] 媒体实验室（Medialab）隶属于麻省理工学院建筑与设计学院，是一个致力于融合科技、多媒体、艺术、设计的跨学科研究室，由麻省理工学院前校长杰罗姆·威斯纳（Jerome Wiesner）和教授尼古拉斯·内格罗蓬特于 1985 年共同创办。——译者注

有学校也能学习”。这对1亿～2亿没有学校可上的人来说非常重要。可惜没几个人同意这个观点。

OLPC现在已投放了200万台笔记本电脑。我认为我们可以用此来证明。平板电脑很快也要投放出去了。很乐意与你就这个问题谈一谈。自我学习领域少有乐观派声音，你是其中一个。

祝一切安好。

尼古拉斯

尼古拉斯想要搞清楚儿童能否靠自己学会阅读。他计划在埃塞俄比亚做一个实验。2011年2月28日，我与他见了面，同时还有机器人专家辛西娅·布列齐尔（Cynthia Brezeal）和神经科学家玛丽安娜·沃尔夫（Maryanne Wolfe）。我们认为可以做点儿什么了。

2011年3月4日我就收到了下面这封邮件：

麻省理工学院可以聘你为为期两年的客座教授，除了参与媒体实验室的内部讨论外，你无须做任何其他事情。我们会根据你与纽卡斯尔大学的约定来支付报酬。你需要考虑的是什么对你和你的家庭最有利。

你和夫人何不讨论一下这件事？无论是财务还是其他方面，这个提议对你来说既公平，又不可抗拒。

这当然是不可抗拒的！

我在盖茨黑德买了一间童话一样的乡间小屋来存放我的东西，然后我们于2011年8月搬到了剑桥。

在以后的12个月内，在剑桥、盖茨黑德和加尔各答之间发生了很多事情。我为TED写了一本电子书——《墙洞之外》（*Beyond the Hole in the Wall*），尼古拉斯作序。我的足迹遍布全美和南美的学校。

到了2012—2013年，我获得了第一个TED百万美元大奖。

你去哪里，我去哪里。

——苏伽特·米特拉

第2章 云端学校

TED：传播一切值得传播的创意（我希望如此）

2007 年 2 月，我受邀在一个名为“引领未来创新”（Leading Innovation for Tomorrow，简称 LIFT）的大会上做演讲，欧洲 TED 大会主管布鲁诺·杰奥沙尼（Bruno Giussani）也在场。他对我的演讲《儿童能自己学习》（*Kids Can Teach Themselves*）印象深刻。在得到我的许可后，他将这个演讲视频上传到 TED 网站上（见 视频 2.1）。

2010 年 7 月，我在英国牛津举办的全球 TED 大会上做了名为《儿童驱动的教育》（*The Child-Driven Education*）的演讲（见 视频 2.2）。

在牛津期间，斯蒂芬诺·曼库索（Stefano Mancuso）有关植物智慧的演讲令我大开眼界，并永远改变了我。你在后面会看到，它后来融入我在世界各地给儿童上的 SOLE 课中。

回到麻省理工学院的媒体实验室后，两位云奶奶写信给我，跟我说她们打算申请 TED 奖。既然申请看起来并不难，我便写了几个必要的段落，建议将云、学校和儿童联合起来。

2010 年 10 月，我收到了 TED 第一个百万大奖负责人劳拉·斯坦（Lara Stein）打来的电话，我得奖了！11 月，在我从剑桥搬回纽卡斯尔之后，我来到纽约，向 TED 秘书长克里斯·安德森递交我如何使用这笔奖金的计划。我说我计划建立 7 个自组织基地（印度 5 个、英国 2 个），并对它们进行为期 3 年的研究。我们决定将它们称为“云端学校”（Schools in the Cloud）。

那天晚上我回到运河街附近的旅馆，碰到一件有趣的事。结束了一天的高效工作后，在清凉的纽约市夜晚，我站在楼下抽一支烟，想放松放松。这时一个年迈的夫人（一个烟友）加入进来。她居然也是从英国来这里访问的。

“你做什么工作？”她问。

“我在纽卡斯尔大学做儿童教育工作。”

“哦，我是肯特的一位老师。那么是什么样的儿童教育？”

“我想弄清楚互联网对儿童教育有什么用。”

“你是不是从印度来的？如果你不介意我这么问的话。”

“当然不介意。我是从印度来的，在那里工作了大半辈子。”

“天哪！那我得和你说说印度的那个家伙——几年前他把一台电脑塞进了墙洞里让孩子使用。你听说过他吗？”

“听过那么一点儿。”我说，“不过我现在必须走了。”

然后我快速离开了运河街。

2013 年 2 月，在加利福尼亚州的长滩市，肯·罗宾逊爵士上台将 TED 大奖颁给了我。我做了名为《建设一所云端学校》（*Build a School in the Cloud*）的演讲（见 ▷ 视频 2.3）。

回到加尔各答，我组建了一个团队来建设云端学校，尽管我也不十分清楚自己到底要做什么。阿西斯·比斯瓦斯（Ashis Biswas）答应做项目经理。他在电脑、安装、设备、营销以及项目方面有十多年的经验。苏尼塔·库尔卡尼是儿童发展与父母养育的专家，她担任项目主管。丽图·丹瓦尔是组织心理学方面的专家，她担任项目协调员。我的妻子苏西米塔（Sushmita）是印度政府的学生支持服务部前主任，她答应在行政上给予帮助。她先前的工作是负责 50 万远程学习者的福利，那是一份苦差事。TED 为电影制作人杰里·罗斯韦尔提供资金，让他全程拍摄这个项目。在本书第二部分，你可以看到这部纪录片的片段。

云端学校

我的愿望是，支持全世界的儿童发掘天生的好奇心，以此助力人们设计学习的未来。请帮助我建立云端学校——印度的一个学习实验室。在那里，儿童可以通过获取在线信息与在线指导，开启一场智力探险。无论你在哪里，我都邀请你创建自己的由儿童驱动的小型学习环境，并与大家分享你的发现。

这是我在长滩市举办的 TED 大会上说的话，那时我从肯·罗宾逊爵士手中接过大奖。

为了建立云端学校，我们从已知的开始。

目前为止我们学到了什么（1999—2013 年）

- **儿童愿意了解与他们有关的话题。**他们能够独立寻找信息（考试科目除外），在几个月之内便超前于对照组（不参与此项目的同龄人）10 年。在传统的学校，这种可能性是未知的。
- **鼓励导师提高学生的学业成就。**在卡里库潘（印度南部），操泰米尔语的儿童（8～14 岁）自己弄明白了用英语写成的生物技术材料（英语对他们来说是外语）。在没有老师干预的情况下，他们的成绩从几乎 0 分提升到 30 分。在引入一个虽不懂生物技术，也不会教学，但亲切友善、乐于赞赏他们的导师（云奶奶）后，这些孩子的成绩从 30 分提升到 51 分。使用这样的方法，我们观察到英国儿童取得了同样的进步。在海德拉巴的传统课堂环境下，我们也做了测试，但结果并不理想，因为教师开始干预，进行教学，行使他们的权威。
- **一旦提供了合适的资源，儿童就能够在不断发展的群组中进行自我组织和学习。**这是最振奋人心的发现。这一结果可以复制，并且已经得到了数据的印证。
- **SOLE 搭建了公平竞争的平台。**积极的迹象如潮水般涌来，不仅启发了我们，也启发了世界各地的教育家和具有创新思想的人（包括

TED 的人们）。一位定期实施 SOLE 的澳大利亚学校校长说："无论在这个星球上的何处，所有 SOLE 看起来没什么不同。"我们看到了这个项目的潜能——它可以为全世界的儿童提供一个公平竞争的平台。我们也知道，要想推动这个项目，需要从基层做起，自下而上发展。

- **SOLE 对教师具有很大的吸引力**。来自世界各地的老师纷纷通过写博客、在 YouTube 上发视频等方式，展现自己尝试 SOLE 的情景。
- **有证据表明 SOLE 能够产生长期的影响**。两位独立教师说，孩子们已在进行超前阅读。在一所学校，三年级和四年级学生做了两年的 SOLE。尽管之后因种种原因没能继续，但这两组学生的阅读能力比没有上过 SOLE 课的学生要好。

SOLE 的挑战

- **设备维护及技术问题**。
- **空间使用的争议**。阻力来自学校。他们认为这样的设备和场地可以用于做更"重要"的事。印度一所学校的校长认为把 SOLE 空间用作牛棚更好——最终果然成了牛棚。我们将此称为"牛棚效应"。
- **文化障碍**。我们注意到，受固化观念和传统思维的影响，家长和教师从来没有关注过儿童的自组织能力。看到孩子去上学，家长就满意了，而不在乎他们到了学校之后会怎么样。因此，社会及传统制度的抵制与忽视，阻碍了项目目标的实现。
- **系统教学法的局限**。虽然英国教师专业水平较高，也理解 SOLE 的概念，但是许多教师由于需要应对测试与考试，只是断断续续地实施 SOLE。教师痛恨为考试而教，但又常常不得不这样。
- **施教不当**。许多受到启发的教师试图设计出自己的 SOLE 教学方法，但很少成功。他们因此声称这个方法不管用，但其实是他们实施的方法不对。
- **需要标准化的教学材料**。我们需要编写培训材料。到目前为止，我都在做充分的示范，与老师互动，以澄清他们的认识。但要想在新的规模上推广 SOLE，这样做显然不可持续。

- **支持**。我们需要发展更多的“大使”，比如我们在澳大利亚的朋友布雷特和保罗。
- **可持续性**。我们能否开发出一种可持续的筹资模式，以确保这些云端学校在 TED 奖金耗尽后能够继续发展？这一直是我关心的核心问题，本书后面还会提到这一点。
- **最终的影响**。我们考虑过这个项目的最终影响问题。我们知道接触过 SOLE 的学生可以通过考试，但是我们不知道他们是否只是在死记硬背。我们也考虑过，与接受其他教学法的学生相比，这些学生的成绩是否足够优秀。SOLE 能支持更好、更持久的学习吗？

两个研究问题引导了我们的探索：

Q1: 在提供了适当的设备和空间后，儿童小组在没有真实老师帮助的情况下，能否理解、交谈，并拥有足够的阅读理解技能来使用互联网进行搜索呢？

Q2: 在没有老师帮助的情况下，儿童小组能否说和理解英语，同时习得相应的行为举止和礼仪呢？

你可能想知道，在这些语言习得问题中，为什么英语显得那么突出。这就需要再用一本书才能解释了！在印度，精通英语的人要比不懂英语的人具有难以置信的优势。

我们基于 3 个社会经济阶层，开始在 7 个地方寻找云端学校的校址，我们称之为区域。

社会经济底层

- 0 号区域（西孟加拉邦的戈查兰）。挨着加尔各答，是个半城市化地区，附近有学校。
- 1 号区域（西孟加拉邦的卡拉卡蒂）。恒河孙德尔本斯三角洲最边缘的区域。那里没有电，没有自来水，也几乎没有医疗机构和学校。
- 2 号区域（西孟加拉邦的钱德拉戈纳）。离加尔各答约 100 千米远的一个村庄，是个农业耕种地区，但没有卡拉卡蒂那样贫困和偏远。

社会经济中层

- 3 号区域（新德里的卡尔卡基）。新德里贫民区的一所公办学校，位于市区，但十分贫困。
- 4 号区域（孟买以南 257 千米的帕尔坦）。帕尔坦镇一所服务于那里的中产阶级的学校，但有些学生来自周边的农村地区。大约 30% 的学生免交学费。

社会经济上层

- 5 号区域（英国东北部的基林沃斯）。泰恩河畔的纽卡斯尔是英国城市中产阶级聚集地，基林沃斯位于其郊区。云端学校的设备安装在乔治·斯蒂芬森高中校园内。
- 6 号区域（英国东北部的牛顿艾克利夫）。云端学校的设备安装在一所位于半都市区的学校，这里也是社区的中心。

> “如果一个儿童小组能够在互联网上进行搜索、阅读并理解他们找到的内容（大部分内容是由英语写成的），且有这样做的理由，那么剩下的学习似乎就可以顺其自然了。

这个项目的目标是让儿童进行自组织和发展，以挑战他们的能力和才智。如果他们愿意进行自组织学习，我们的目的仅仅是提供他们所需要的技术和途径，而实际上他们总是愿意的。这样的项目不可能有什么特别的教学方法。没有教学法就是好的教学法。

有些人认为这个项目天真、过分简单化、有害、错误，等等，这些声音主要来自那些没有尝试过的人。尝试过的教师——世界上这样的教师成千上万——都能看清我来自哪里，但可能对这一切又要走向何方感到迷惑。

为衡量云端学校产生的影响，我们决定测试儿童的英语阅读理解力、志向以及互联网使用能力。

阅读流畅程度和理解力

阅读流畅程度和理解力（Reading Fluency and Comprehension，简称RFC）是我们最重要的评估内容。测试只在印度进行。大部分这样的测试与英国无关，因为那里的儿童能说流利的英语。我们使用了以下三种测试方法：

1. 一个基本的筛选工具（ASER）。
2. 分级阅读文章（超级教师工作手册）。
3. 与 RFC 有关的质性数据，用来判断儿童网络搜索的研究活动。

在印度，我们在每个区域对儿童进行随机抽样测试，以此设定一条基线。之后我们每个月对他们进行测试，连续 3 年。

在介绍我们使用的 ASER 测试之前，我先说说布拉罕教育基金会（Pratham）。它是印度的一个创新学习组织（Banerjee & Duflo，2011；Pratham，2019），致力于为贫穷的孩子提供优质教育（Pratham India Education Initiative，2009）。2005 年，布拉罕在印度开展了一个大规模的小学教育调查，并在《教育状况年度报告》（Annual Status of Education Report，简称 ASER）中公布了调查结果。我们决定采用 ASER 的阅读任务，因为这个工具是布拉罕为了评估印度次大陆，特别是农村地区儿童基本英语阅读能力而研发的。这个工具可以帮助我们比较云端学校中不同组儿童的阅读流畅程度，或比较这些儿童的分数与全国阅读水平的差异。结合 ASER，我们的评估除了测试阅读流畅程度之外，还设置了一些额外的任务，以测试阅读理解力。我们之所以这么做，是因为根据我们的观察，流畅程度与理解力高低并不一定相关。

目前，我们关注下面两个方面：

- 流畅程度。精确（包括自我修正）、停顿（标点符号）、速率（阅读速度）以及表达（意义理解的标志，比如语调、重音和重读）。我们关注的是理解，而不是朗诵方法。

- 理解力。识别文章的要素、精髓和主要观点，按时间顺序概括观点或者主要事件，理解关键词和术语（体现在翻译中），理解文章语境（如标题、作者、主题，或与其他信息或知识的联系）。

志向评估工具

我们想了解，见了大世面的儿童是否想告别他们的过去。他们的志向（他们想成为什么样的人）会发生变化吗？是往上走，还是变得现实，抑或是经过云端学校的学习后变得更加多样化？

我们问了五年级及以上的儿童以下这些问题：

1. 你们想成为什么样的人?
2. 你们会为此做什么样的准备?
3. 为了实现志向，你们有想要模仿的榜样吗？如果有，是谁?

如有必要，我们还将这些问题翻译成当地的语言。2014 年 12 月或 2015 年 1 月实验室首次开放时，我们就问了孩子们这些问题，然后在整个项目结束阶段（2016 年 7 月至 10 月）又问了一次。

自信心观察

我们给自信心下的定义是：相信自己实现目标的能力。处于传统学校环境的孩子可能会焦虑不安。这方面已有大量研究（比如 McDonald，2001）。云端学校能否改变这样的情绪？自信心的提升是否会影响他们的学习能力？我们希望是这样。

在项目刚开始的时候，我们根据“这个孩子非常自信”这一陈述，用一个 5 分量表来评估儿童的信心水平。选项包括：强烈同意（5 分）、同意（4 分）、不确定（3 分）、不同意（2 分）、强烈不同意（1 分）。观察员需要根据一系列观察指标评出最终分数。我们假定，这些品质在印度儿童与英国儿童之间没有差别，尤其是对于我们观察的年龄段来说。

自信心观察指标有：

- 表达了他 / 她的想法。
- 自由回答问题，而不担心答案是否“正确”（传统上，这在英国和印度都是不被鼓励的）。
- 对活动做出评价。
- 要求特别的活动（故事、歌曲、谜语）。
- 没有提示就开口说话。
- 从后面指导活动，比如指向屏幕上需要访问的内容。
- 分享他 / 她的工作。
- 任务难也不轻易放弃。
- 采用不同策略和方法进行探索。
- 主动承担任务的责任。
- 对委派的任务承担责任。
- 指导活动。
- 需要时寻求或给予帮助。

网络搜索技能

我研发了一个工具——“TBT4KA”，为的是测量孩子对“大问题”做出的反应。我们给这些问题分级，先是那些需要纯事实答案的问题，然后是那些基于事实和推理、需要深思熟虑的问题，最后是没有单一答案或根本没有答案的问题。这个测试可以测量学生是否能有效利用互联网资源得出他们的结论。

TBT4KA：从互联网获取知识的任务型测试

> 我不需要知道一切，我只需要知道，在我需要的时候去哪里找。

这两句话常被认为是在互联网诞生的几十年前爱因斯坦写下的。这些话很有预见性。它预示了这样一个时代：“知”已经过时了。我们现在就生活在这样的时代。

这并不是说我们不需要知识。我们需要知识。只是在生命的头 17 年里，我们不需要尽可能多地获取知识，然后记住它们并使用一辈子。

曾几何时，在大多数情况下，我们想要运用知识，就必须从记忆中提取。这样的世界已不复存在了。如果我们想知道什么，在几秒钟内就可以知道，当然我们得有互联网。

在这个世界上，我们需要拥有获取知识的技能，需要知道从哪里，以及采用什么方法获取知识。这样的技能与我们在图书馆获取信息的技能大不一样。

为测量儿童是否获得了快速、准确、自信地学习的技能，我们研发了 TBT4KA 测试。这个测试用来衡量儿童，无论是个人还是小组，能否运用信息“云”，以及各种各样的接入技术和当今世界无处不在的设备来回答和解决问题。

> 我们需要用技能去获取我们需要的知识。

我们设计了不同复杂程度的问题，从一级到六级。这些问题有单纯问事实的，也有需要批判思维的。例如，一个一级问题是：“纽约现在几点？”而一个级别高点儿的问题则是：“为什么有些东西会漂浮或下沉？”随着级别的提高，回答的复杂程度也逐渐增加，问题也变得越来越抽象，有时还没有一个正确的答案。给答案打分基于以下三个参数：答案的适合度（与问题的关联度）、答案的质量、寻找答案所花的时间。每一级别都有四个同等的问题。这样的测试可以同时衡量搜索、阅读、技术素养以及分析能力。我们现在还没有一个名称来说明这项整合在一起的技能。它是一种新型素养。

这个测试由独立专家根据这三个参数来打分。此外，还有子参数，比如覆盖深度、内容清晰度、独创性（孩子是否从其他网站获取材料，是否用自己的语言组织答案）和连贯性。测试可以以个人为单位，也可以以小组为单位。我们建议开始以小组为单位，这样有助于树立信心。当儿童提高到较高水平时，则可以以个人为单位进行测试。我们建议每年做三次测试。

如果一个孩子能够回答问题，那么他已经获得了基本的操作技能，如打开浏览器，使用搜索引擎，识别超链接，点击超链接，打开新窗口，关闭标签，切换多个窗口，使用浏览器前进和后退，上下滚动屏幕浏览网页。

儿童能够回答六级问题，代表儿童具备了最高水平的理解力。因为六级问题通常没有正确或错误的答案，所以要想评判一个孩子是在鹦鹉学舌，还是提出了自己的观点，我们需要依靠其他小组成员来纠正、相互参照、核实。从我们以往的经验来看，在 SOLE 的学习情境下，儿童很少弄虚作假。

下面是 TBT4KA 测试的例子，并附有问题的样本，便于你在自己的班上尝试。

儿童网络搜索技能发展评估工具

步骤

第一步：给每个小组命名，如 1 组、2 组、3 组，并记录好各小组成员的名字。

第二步：从一级问题中随意挑出一个让小组或个人回答。

对学生说："这是问题。你们可以以小组为单位寻找答案。同一组的组员可以交谈，但不能与其他小组的成员交谈。没有时间限制。你们完成后，把答案交给我。如果你们发现有很难的问题无法回答，那么说明你们已经做到试题的结尾部分了。"

第三步：记录小组或个人花了多少分钟得出答案。

第四步：对二级水平的学生重复这个过程，以此类推，直到小组或个人无法做出令人满意的回答，或者已经达到最高级为止。

问题清单

一级：简单，基于事实，通常有一个"正确"答案。

1. 纽约现在是几点？

2. 开普敦的温度是多少？

3. 地球到月球的距离是多少？

4. 大象的体重是多少?

5. 猫头鹰吃什么?

6. 埃及因什么而闻名?

7. 维克多・雨果是谁?

8. 复活节岛在哪里?

二级：简单，但不一定有“正确”答案。

1. 谁发明了电话?

2. 世界上最长的河流是哪条?

3. 世界上最大的动物是什么?

4. 世界上最小的鸟是什么?

5. 世界上最高的山峰是什么?

6. 世界上最小的国家是哪个?

7. 老虎会游泳吗?

8. 蒙娜丽莎是谁画的?

三级：需要思考并结合其他知识的事实性问题。

1. 为什么现在没有恐龙了?

2. 为什么地球围绕太阳转?

3. 鼓是由什么制成的?

4. 为什么热水会冷却?

5. 为什么北极熊是白色的?

6. 龙卷风是什么?

7. 鱼会打喷嚏吗?

8. 羊毛是由什么构成的?

四级：模棱两可，可能有多种答案。

1. 其他星球上有生命吗?

2. 铅笔是怎样制造的?

3. 长颈鹿的脖子为什么这么长?

4. 彩虹是由什么构成的?

5. 我们感冒后为什么会咳嗽?

6. 我们的头发为什么会长长?

7. 我们为什么必须吃喝？

8. 布是怎样织成的？

五级：基于理论或多种理论的复杂答案。

1. 语言是从哪里来的？

2. 世界是从哪里开始的？什么时候，以何种方式结束？

3. 树木会思考吗？

4. 为什么水加热后会沸腾？

5. 为什么海水是咸的？

6. 我们为什么要睡觉？

7. 人们高兴的时候为什么会笑？

8. 电是什么？

六级：答案复杂或未知，需要对观点进行思考。

1. 为什么女人通常比男人矮？

2. 我们为什么有五个手指和五个脚趾？为什么不是别的数量？

3. 机器人会替代人吗？

4. 什么是无穷？

5. 我们是如何记忆的？我们为什么会忘记？

6. 戏剧和剧院的作用是什么？

7. 我们的声音是怎样从这一部手机传到另一部手机的？

8. 为什么儿童会掉牙，然后又会长出一口新牙？

评估数据单：网络搜索技能的发展

注意：评估者要为每一个被试的小组或个人填写一张表格，在第 3 点那里标上组号。

1. 班级 / 学校 / 地点：________________________________

2. 日期：____

3. 第________组孩子的姓名、年龄和性别

姓名：__________ 年龄：________ 性别：________

姓名：__________ 年龄：________ 性别：________

姓名：__________　　年龄：________　　性别：________

姓名：__________　　年龄：________　　性别：________

姓名：__________　　年龄：________　　性别：________

问题 1

回答 1

[回答问题所花时间]

问题 2

回答 2

[回答问题所花时间]

问题 3

回答 3

[回答问题所花时间]

问题 4

回答 4

[回答问题所花时间]

问题 5

回答 5

[回答问题所花时间]

问题 6

回答 6

[回答问题所花时间]

苏尼塔有点儿担心，因为这个试题尚未得到验证。将这样的试题研发成经过校准且值得信任的工具，需要几年时间。不过，我还是决定使用现在这份试题。根据先前的墙洞实验，我们知道在云端学校中，儿童寻找答案的能力提高了，但我们不知道是怎样提高的。我们希望这个测试可以提供一些参考。

在第 4 章，你会看到一些图表，它们显示了这个项目中儿童网络搜索技能提高的情况。尽管这份试题没有经过校准（与那些阅读理解试题不同），但我们还是能够证实儿童在这方面的成长。

网络搜索技能测试非常主观。每个级别的问题都是根据我对儿童在不同国家做 SOLE 时的观察，以及他们感觉到的难易程度而拟定的。同样，对概念性问题回答的评分，特别是四级甚至更高级别的问题，也是完全主观的。尽管评分很主观，我们还是发现了 90% 的评分者信度[1]。

值得指出的是，在云端学校实验室进行评估的条件并不理想。有些事情很难控制，比如房间里儿童的人数、吵闹程度、打断及干扰、网络的速度及故障、儿童已有的知识水平、儿童参加项目的时间长短、儿童对小组的选择，或儿童的缺席情况等。尽管专家研究者们能够尽其所能用科学合理的方法评估，并且尽心尽责地分析数据，但仍然无法得出确定的结论，或将儿童在实验室中的表现与他们的进步明确地联系起来。

在本书的第二部分，我将向大家分别介绍我们测试儿童自学能力的 7 个区域。

苏尼塔将这些内容整合到一起后，就和丽图去实地研究了。

[1] 指多个评分者给同一批人的答卷评分的一致性程度。——译者注

第二部分

云端学校

第 3 章

0 号区域：印度西孟加拉邦巴鲁伊布尔的戈查兰

在加尔各答南郊连接巴鲁伊布尔（Baruipur）和贾伊纳格尔（Joynagar）的高速公路边上，有一座小小的半城市化村落，名叫戈查兰（Gocharan）。那里的村民识字，大部分土地属于一对双胞胎姐妹——玛拉（Mala）和朵拉（Dola）。玛拉给了我们一块不小的地，位于两个池塘之间，让我们在那里建云端学校（见图 3.1）。它将成为 TED 的旗舰项目，是我们最大的一所云端学校。

图 3.1 云端学校建立之前的戈查兰场地

戈查兰的云端学校由两个同心六边形构成。将两个六边形相对应的面用假想的直线连接起来，你就可以想象出 6 个空间。如果其中一个空间用作接待和管理区，那么我们还有 5 个区域，每个区域可以放 2 台电脑。如果 10 台电脑，每台供 4 名儿童使用，我们就可以同时安排 40 名儿童。中间的六边形可以设置大屏幕，用来上 Skype 课。这个建筑的后面是一个带卫生间的房间。与电脑室相连的是两个卫生间，一个供男生用，一个供女生用（见图 3.2）。

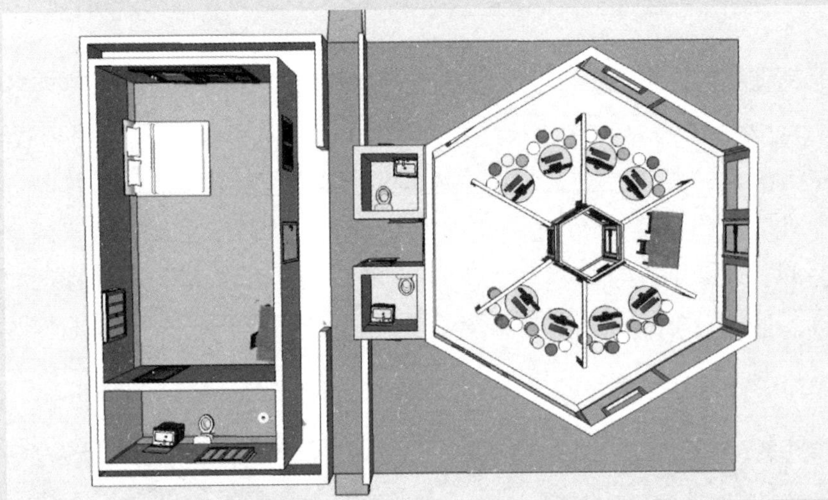

图 3.2 戈查兰云端学校初始设计

来源：利用 SketchUp 创建，©2019 Trimble Inc.

我选择六边形作为基本形状有两个原因，且都出于象征意义，而非工程学意义。六边形是有机化合物中六个碳原子组成的形状，这个形状构成了我们已知的所有生命的基石。六边形也是蜂房的形状，是最经济的空间使用方式。碳六边形和蜂房六边形都是涌现现象，从混乱中产生秩序。我喜欢这个。

戈查兰 0 号区域于 2014 年 1 月 9 日正式启动。这个建筑相当壮观，比其他区域的建筑都要大许多。项目经理阿西斯·比斯瓦斯因为土地布

图 3.3　戈查兰云端学校

局和建筑结构的原因，不得不对我的计划稍加调整，不过最终建成的校舍相当辉煌，费用也很昂贵，花了 8.6 万英镑（折合约 13 万美元、860 万印度卢比）[1]，这超过了 TED 奖金的 10%。

我原来设计的屋顶是平的，但是阿西斯觉得六边形的尖顶更好看。事实上确实如此。即使那个地方有很好的公共用电，我们还是安装了太阳能板。戈查兰云端学校的启动得到了全球媒体的报道。

在落成典礼那天，那些同我交谈过的当地家长很好奇，都想来看个究竟。孩子们也很兴奋。苏尼塔叫了一批学生，给他们测试了基本的阅读理解力、自信心，以及网络搜索技能。许多儿童都用家长的电话上过网，但他们的阅读理解能力很差。

[1] 其时约合人民币 86 万元。——译者注

学习和巨大的挑战

在戈查兰，孩子们 40 人一批前来参观，将 8 台电脑团团围住。这么多的学生产生了以下几个问题：

- 小组太多，导致空间流动性太强，连贯性的讨论无法进行。
- 自组织现象偶尔会在小部分人中间出现，但持续时间不长，且经常被他人打断。
- 奶奶云课在内层六边形里进行，但那个空间只能容纳 10 个孩子。这样，那些剩下的孩子（每次大约 20～40 人）就继续玩儿，吵闹声很大。
- 玻璃墙和锥形的屋顶回声很大。8 台电脑同时播放 8 个不同的 YouTube 视频，使交谈变得困难。在六边形里面奶奶云课是上不成了。场面混乱。

阿西斯在锥形屋顶周边铺了许多麻布片来降低噪声，但是室内噪声仍然很大。这证明锥形屋顶这个主意并不好。

玛拉的丈夫休门·马伊特拉（Shoumen Maitra）开始向送孩子来学习的家长收取月费。几个月内，来学习的人数开始下降，因为家长们注意到，一群群的孩子没有老师带领，奶奶云课乱成一团，只有 4～6 个孩子能真正参与。戈查兰的例子证明，一个群体的人数太多会太吵闹，导致自组织行为或涌现行为无法发生。

结果

苏尼塔没办法持续评估儿童的核心样本，因为他们不能持续在一周的固定几天来参加。因此她只好采用个案研究的方式。即便如此，也因不能持续而无法得出一般性结论。但是，就像 1999 年墙洞实验那样，我们确实观察到一些取得了巨大成效的个案。下面的片段节选自苏尼塔的个案研究，发布在“奶奶云故事”博客上。

戈查兰个案研究

德布是个阳光、聪明、健康的男孩，2014 年云端学校实验室一开放他就来学习了。那时他 13 岁，在读八年级，是来实验室学习的孩子中年龄较大的。他在当地的一所学校上学，那是一所中等规模的学校。

德布来自贫困家庭。他和父母、妹妹蒂特丽住在一个潮湿发霉的祖屋里，离实验室只有几分钟的距离。他妈妈是个家庭主妇，空余时间做一点儿手艺活儿贴补家用。他的家长希望他能够过上不同的生活，因此尽了很大努力，提供他们认为德布需要的一切。

妈妈对德布未来的憧憬局限于慈爱的一面，主要是确保他吃得好，休息得好。在学习方面，她认为德布应该更加关注自己的课本、学习以及必不可少的课外补习。她从不吝惜补习费用。她很难理解在实验室玩耍与以后的职业生涯会有什么联系。但她并不干预，因为她看到了儿子的快乐，并本能地认识到这么做肯定会有用。像别的家长一样，她发现儿子与那些云奶奶的互动是件好事。她觉得德布没有在学习上花足够的时间，但她没有意识到，儿子阅读一次就能理解，而其他孩子要阅读几次才能理解。他父亲为他感到骄傲，还喜欢和他打板球。他在门廊（兼作客厅）上为儿子装了个训练球，这样德布就可以练习击球了。

使用实验室

德布就住在实验室隔壁，因此他可以经常来学习。他去任何地方都喜欢从实验室这里经过，即使是非上课时间，他也要来看看实验室是否开着。他的年龄也让他更容易独立，因为他无须由父母接送。

阅读流畅程度和理解力

2015 年 1 月在 ASER 基线评估中，德布取得的初始成绩已经让他有资格进行下一级 RFC 任务了，在阅读流畅程度及理解力上他都得了 100 分。

2015 年 3 月，我们用 RFC 二级任务又对他进行了评估，这是一次分级测试。他自信地完成了测试中的各项任务，包括以恰当的速度抑扬顿挫、声情并茂地朗读。作为理解任务的一部分，在逐字逐句地将材料译成母语的过程中，他展现了他的理解力。他甚至能做中学（七年级）的阅读任务，尽管这需要花更大的力气，且在读一些特殊单词时带有地方口音。

在 2016 年 7 月进行的最后一次 RFC 评估中，我们采用两个级别的阅读任务。第一个任务是阅读一篇中学（六年级）水平的文章。文章里有许多生词（如“有袋类动物”）。德布的阅读方式与他开始的时候大不相同。他的声音更柔和，不再是初次评估时那种类似演讲的方式。尽管他的地方口音仍在，但已不十分明显。由于这个阅读任务比较难，德布需要用手指指着每一个单词大声读出文章。他不但没有受到里面生词的影响，还猜出了它们的意思。他可以用他的母语（孟加拉语）来解释这篇文章，尽管很明显受到学校的影响，他坚持逐句解释，而不是像我们要求的那样概括文章大意。

第二个任务是阅读报纸上的一则新闻。这则新闻生词多、字号小，给他造成了困难。阅读时，德布仍然用手指一个字一个字地指着。他猜出了生词的读音（如专有名词 Gaglione 和 Mimosa），也显示出自我纠正的能力。他的阅读速度快慢不一：当句子里的单词他都认识时，阅读速度就加快；而当他遇到不认识的单词时，阅读速度就变慢。他能理解这个级别的文章，还能用英语（用自己的话）和孟加拉语给出解释。用孟加拉语时，他更可能总结出文章主旨。母语对他产生的影响体现在，他常常搞错性别，给植物也加上性别。

志向

在一开始对他进行评估时，德布像许多其他孩子一样，表示长大后要当老师。他的数学老师是他的榜样。从 2016 年 8 月他的回答中可以看出，他显然接触了更广阔的世界。他表示想成为一名计算机程序员，因为这直接与他在云端学校培养起来的兴趣有关；或者做一名板球手，这与他父亲的兴趣一样，现在他懂得更多了。

策略：SOLE 实验室的使用方法

德布对很多事情都有兴趣，如电脑、编程、科学、板球，还有摔跤。即便他知道只有他一个人与云奶奶互动，他也会到场（在戈查兰，奶奶云课不是很受欢迎，因为它很吵闹，这增加了互动的困难）。

他很主动，一开始就信心满满，这种自信还在继续提升。他很有耐心，能够耐心等候，也能够观察他人做事（这与冲动任性形成了鲜明的对比）。他也乐于助人，有责任感。他不仅对学校功课感兴趣，还展现出更广泛的兴趣。他使用实验室既是出于兴趣，也是为了学习。他能够认识到这个实验室给他提供的机会，而且乐于寻求帮助，哪怕从比他小的同伴那里。同时他也乐于帮助别人，即便他是实验室里最小的孩子。

德布在实验室玩游戏，看视频，同时也探索和拓展某项技能。搜索协调人布置的“大问题”的答案，或者完成他为自己设定的任务，这对他来说很有吸引力。有时他喜欢一个人学习，这样他就可以锤炼某项技能或全心思考。因此，他常常在实验室里人少的时候充分利用时间，此时他可以一个人占用一台电脑。在其他时候，他更喜欢与一帮固定的孩子待在一起。他们年龄大小不一，有着相同的兴趣。

他也参与村里的活动，比如在村图书馆里，他负责收集阅读材料、确保图书馆的运行。他做事认真，但也知道寻找乐趣，还会搞搞恶作剧，开开小玩笑。即使成年人没有要求他的尊敬，他也会这样做。他会尽最大能力去探索，最有效地利用实验室提供的设备。与他那些来自富裕家庭的朋友不同，德布知道怎样最大限度地利用他能得到的资源。

特别成就

在云端学校实验室里，“成功”儿童显示出来的典型特征，就是他们具备充分利用机会的能力。

拿德布来说，这一点在他与云奶奶的互动中体现得非常明显。来自巴西的法比奥与德布一对一互动，教他基本的编程知识，澳大利亚的罗杰也经常鼓励他。在两个人的支持下，德布成功地研发了一款“语音聊天室”软件，还有一个类似俄罗斯方块的游戏，并且在云端学校项目结束之后的几个月里，还在继续拓展他的编程技能。德布很可能与每一位云奶奶都互动过，尽管其他孩子不愿意这么做——这些云奶奶通过 Skype 接入戈查兰，与一群热情高昂的男孩们探讨过很多问题，当然也单独与他们每个人互动过。

我曾与德布研发的机器人程序互动。它是用 JavaScript 语言编成的。

机器人：你叫什么名字？
苏伽特：苏伽特。
机器人：你住在哪里？
苏伽特：加尔各答。你住在哪里？
机器人：我住在云端学校的电脑里。

在一个巴西人和一个澳大利亚人的帮助下，一个孟加拉村落里的孩子自学了编程，这真的很不错。如果这还不算是未来教育的前景，那么我真不知道什么才能算了。

有些孩子的父亲很不情愿地承认，他们的孩子学到了不少电脑和网络知识。母亲们都觉得，看在孩子们喜欢去这一点上，在云端学校学习是有好处的。但是她们也担心，这些技能能否帮助他们的孩子进入大学或者对他们今后的职业有帮助。

对我来说，戈查兰是个例子，它告诉我不要去“设计”一所云端学校。

戈查兰云端学校一直开到 2018 年 11 月 TED 奖金用完。休门说，这个设施在财务上是不可行的。他考虑与其他教师一起将它改造为一所电脑学校。

孟加拉在教育、学校、办学等方面，还带有鲜明的维多利亚时代的特色。她仍处在 20 世纪初叶。

云端学校不得不苦苦挣扎，方能在这个古老的世界幸存。

第 4 章

1 号区域：印度西孟加拉邦孙德尔本斯的卡拉卡蒂

尼提斯·蒙多尔（Nitish Mondol）在加尔各答一所公办学校教孟加拉语，是《云端学校》这部纪录片中的一个主角。他来自孙德尔本斯（Sundarbans）一个叫卡拉卡蒂（Korakati）的村落。“孙德尔本斯”（孟加拉语）的意思是“美丽的森林”，它是孟加拉湾沿海地区一片广袤的森林，被认为是世界自然奇观之一，在 1997 年被联合国教科文组织认定为“世界遗产地”。它是世界上最大的海边红树森林，栖息着种类繁多的动物，如孟加拉虎、白斑鹿、鳄鱼和蛇。

卡拉卡蒂没有电，没有卫生设施，没有下水道，没有干净的水，没有医疗服务，（严格说起来）也没有学校。2013 年 3 月的一天早晨，我还没有起床，尼提斯就出现在我加尔各答郊区房子的大门口。他并不知道我做的是什么，只是在当地报纸上看到我得了 TED 大奖。

“你做什么都是好事。”尼提斯肯定地说。

我来了兴致，于是就派尼提斯去卡拉卡蒂。

“在那儿什么都干不成，那里啥也没有。”他没精打采地说。

“那么我们就得在那里建一所云端学校。”我说。

去卡拉卡蒂，我们需要开两个小时车到德玛卡里（Dhamakhali）的一个港口村庄，然后坐船。船很小，很窄，动力源自割草机上的马达。有时候船上有上百号人。这样的船常常沉没，人也被冲走。坐船大约 30 分钟后，我们还要从一个叫马修拉巴扎（Mathura Bazar）的港口村庄乘坐一辆所谓的“箱式货车”——一般由一辆摩托车，通常是由英国人在

"二战"后遗留下来的皇家恩菲尔德摩托车改装的。车的前半部捆着一个木架子，上面安装了四个自行车轮。乘客就围坐在这木架子上，悬着双腿。我们称这种车为"散骨车"。从马修拉巴扎坐这样的散骨车到卡拉卡蒂要一个小时。道路刚好有这种车那么宽。在路上，乘客用腿将山羊、牛和鸭子踢开。道路两边都是绿油油的稻田和池塘。如果不是被晃得厉害，倒还有点儿田园诗的意味，但你一旦掉进去，那可是要命的，因为美丽的池塘里有很多致命的细菌和病毒。

视频 4.1 是从纪录片《云端学校》中剪辑的一个片段，从中你可以看到卡拉卡蒂村民在谈论他们对尚未建成的云端学校的希望。

图 4.1　云端学校建立之前的卡拉卡蒂场地

卡拉卡蒂的云端学校是个矩形空间，四周环绕着走廊。一个房间放置电池，两个房间做休息室，还有两个用作儿童厕所。主要的空间摆放了 6 台电脑，显示屏是 19 英寸的，还有一台智能电视，供实时 Skype 连接使用。大部分墙是玻璃的。屋顶有一个水箱，里面有一台小水泵从地面的水井往水箱里打水。太阳能板给电池组充电，保障供电。天好的时候，充满电需要一个小时。在卡拉卡蒂，大部分日子都是阳光明媚的，这意味着我们可以每隔一小时开 45 分钟空调。但是，出于苦乐参半的原因，空调很少用。

图 4.2　卡拉卡蒂云端学校

阿西斯在 6 个月内完成了一项不可能完成的任务：在卡拉卡蒂建成了云端学校。虽然当时水泥还是湿漉漉的，但是学校在 2014 年 3 月 9 日还是正式启动了。阿西斯用竹竿将接收器架到离地面约 12 米高的地方，成功实现了无线网络连接。信号来自印度国营电信公司 BSNL（Bharat Sanchar Nigam Limited 的简称），大约从 16 千米之外一个叫桑德西卡里（Sandeshkhali）的小岛上传来。

学校启动那天，我们开了空调，因为那天的温度是 32℃。我在外面透过玻璃墙观察里面的孩子。他们正专心致志地想要弄明白电脑。约半个小时后，一个穿着无袖连衣裙的女孩跑了出来。

“怎么了？”我问。

“外面这么温暖，漂亮！”她边说边紧紧抱住自己。孩子们的身体已适应了 30～40℃的温度以及 75% 甚至以上的湿度。他们在这样的环境中感到舒适，于是我将空调关了。

在启动那天，一个云奶奶来到线上，受到了孩子们的热烈欢迎。她一开始就唱起了“公共汽车的轮子转呀转”。孩子们看上去疑惑不解，而这位云奶奶坚持说：“来，再说一遍，公共汽车的轮子……”

“汽车轮子还能做其他事吗？”一个小女孩用孟加拉语咕哝着说。我忍住笑，尽量不去干预。这就是我们要应对的文化差异。

我们每天上午 9 点迎着明亮的日光开启设备，在日落之前关闭。家长们不喜欢在天黑了或者有雾时送孩子来。

卡拉卡蒂有 6 台电脑，房间可以容纳 24 个孩子。于是我们先让 24 个孩子进入，让其余的在外面等待。天气和外面的走廊让这样的等待变得很舒适。一个小时之后，我们告诉外面的孩子，时间到了，然后让下一批 24 个孩子进入房间。

孩子们在里面玩游戏，看 YouTube 视频（查理·卓别林是他们的最爱），几个星期后，他们开始在网上搜索。云奶奶们通过 Skype 来访，每周一次，每次约一个小时，有时还留下一个问题让孩子回答。孩子们总会讨论云奶奶的课，那些没来上课的孩子也会知道发生了什么，并加入搜索信息的行列。

在不到一个月的时间里，如果他们愿意，他们已经可以说英语了。有一次在我正要离开时，一个女孩用英语说了句：“保重。”

“谢谢你！你到底是怎么学会英语的？”我用孟加拉语问。

她笑着用孟加拉语回答：“屏幕上的那个‘奶奶’，她除了英语，不懂其他语言。我们又能怎么办呢？”

实验进入第四个月，卡拉卡蒂的网络坏了。我们的信号来自 BSNL，从桑德西卡里岛传来，但是断断续续。BSNL 用电池储存能源，发送信号，但是他们的电池坏了，需要从加尔各答调来电池替换，这要花费几个月的时间。

卡拉卡蒂的云端学校废弃了，变得空荡荡的。孩子们每天要走好几千米的路来看看网络修没修好。他们往往会在外面等好几个小时，或在电脑上玩一些无须动脑筋的游戏。这之后发现网络还没有好，他们就会离开。大约 3 个月后，阿西斯和他的工程师拉纳比尔（Ranabir）发现了一个私人服务供应商，可以提供强大稳定的信号。于是网络又回到卡拉卡蒂，比之前的还要好。孩子们又出现了。

结果

在接下来的两年里（2014—2016 年），丽图·丹瓦尔每个月都要在卡拉卡蒂的客房里待上几天。这对她来说是个神奇的经历，与生活在德里完全不同。在此期间，她对一组儿童样本进行了研究——用 ASER 测量阅读理解力，用苏尼塔设计的工具测量自信心水平，用我开发的评估工具测量网络搜索技能。图 4.3、图 4.4 和图 4.5 展现了发生在卡拉卡蒂的魔法。

卡拉卡蒂云端学校刚开放时，儿童的阅读理解力平均得分是 20 分，也就是说，他们几乎不能大声朗读一篇文章，更不用说理解了。3 个月后，丽图向我们报告，他们的成绩攀升到接近 60 分。她十分惊叹：一个自组织系统正在她的眼皮底下产生自发的秩序。

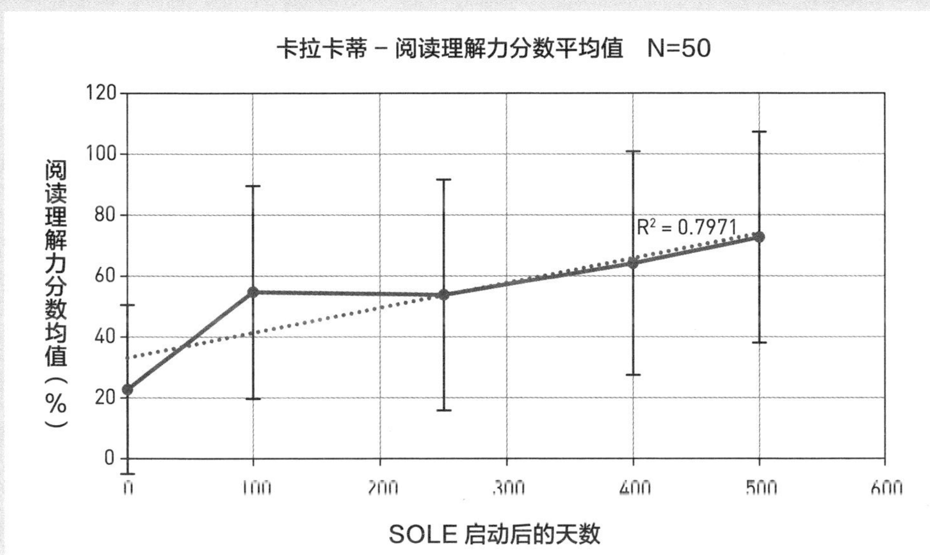

图 4.3 2014—2016 年卡拉卡蒂儿童阅读理解力的提升

在图 4.3 中，120～220 天之间的那条水平线，代表断网对儿童阅读理解力的影响。断网与阅读理解力停滞几乎完美吻合，就好像少了一个奇怪的陌生老师一样。

2015 年间，卡拉卡蒂这些孩子的阅读理解力平均分提高到接近 80 分，他们的阅读几乎与英国盖茨黑德的孩子一样好！他们的口音则混合着孟加拉音和云奶奶的英音，还带点儿乔德人（纽卡斯尔人）的口音。我喜欢他们说的每一句话。

运用我研发的 TBT4KA 试题（见本书第 71 页“儿童网络搜索技能发展评估工具”），丽图测试了这些孩子的网络搜索技能。数据毫无争议地表明了上升趋势（见图 4.4）。

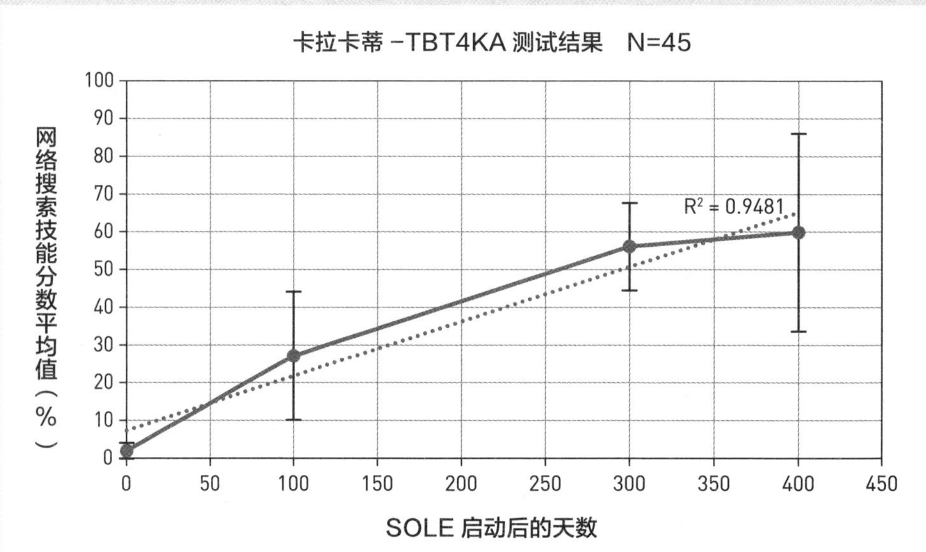

图 4.4 2014—2016 年卡拉卡蒂儿童网络搜索技能的提升

在一年多一点的时间内，卡拉卡蒂儿童的平均搜索能力从 0 分提高到 60 分。现在你可能会纳闷，为什么在 120～220 天断网期间没有出现那条水平线？其实这是个简单的测量问题。与阅读理解力测试相比，组织 TBT4KA 测试更加困难，而且在断网时还不能进行此项测试。每次当丽图在卡拉卡蒂时，她也很难将同一批学生样本聚集起来测试。在整个过程中她只能做 4 次测试，因此图上有 4 个点。

那么，云端学校对偏远的孙德尔本斯儿童的自信心有什么影响呢？

丽图用苏尼塔设计的试题进行了自信心测试，最终得出了一个奇怪的图表（见图 4.5）。

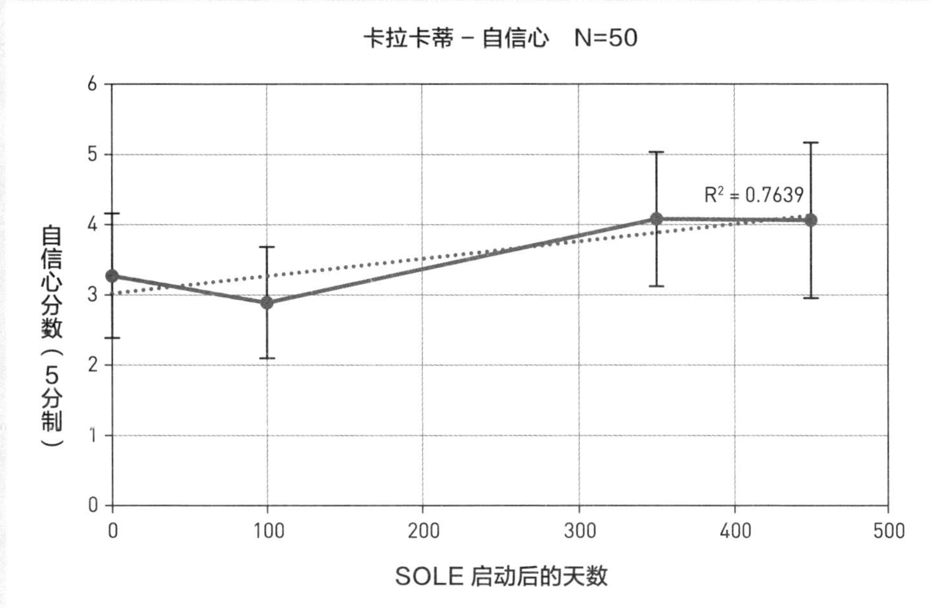

图 4.5 卡拉卡蒂儿童自信心水平测量

这个 5 分量表显示，孩子们开始时的得分约为 3.3 分，在一年多时间内达到 4 分。这是个显著的变化。

我们开始这个实验时，孩子们并没有沉默寡言，也没有紧张害怕，而是跃跃欲试，迫不及待地参与进来，积极使用电脑。自从我 1999 年开始墙洞实验以来，我从没有看到儿童对电脑和互联网感到紧张和不安。这在卡拉卡蒂也没什么两样，就好像儿童和互联网在相互等待似的。

> 我从没有看到儿童对电脑和互联网感到紧张和不安，就好像儿童和互联网在相互等待似的。

我曾经认为，随着儿童使用互联网的能力不断增强，他们的自信心也会提高。而我们在卡拉卡蒂做的自信心评估结果首次证明，这样的假设存在缺陷。

我无法解释这一代儿童的数字自信。老一辈人害怕接触电脑，因为他们担心碰错了键，电脑就会爆炸。也许我们已经从那样一个世界来到了东西不会爆炸的这个世界，而且我们的儿童无论来自哪里，都知道这一点。这是个多么充满希望的故事！

缺了米兰·孟德尔（Milan Mondal），卡拉卡蒂云端学校的故事就不完整了。

在实验期间，监理卡拉卡蒂云端学校的人员有过几次变动。在2014年3月项目开始时，负责监管设施的人是当地一位老师，名叫奥罗宾多（Aurobindo），几个月后他就离开了，因为他发现自己不需要教什么课。一位名叫阿尼凯特（Aniket）的加尔各答年轻人接替了他，差不多管理了一年时间，后来面对孙德尔本斯的传染病和昆虫，不得不缴械投降，回到了加尔各答。在此期间，各位监理人都得到了一位年轻人（实际上是一个名叫米兰的男孩），以及一个名叫赫梅拉塔（Hemlata）的女孩（负责清洁卫生）的帮助。阿尼凯特在2015年离开后，阿西斯让米兰接替他的工作。

从2015年一直到写这一章（2018年7月）为止，卡拉卡蒂的云端学校是我们所有云端学校中最好的一所。那里一尘不染，电脑、电力和网络样样井然有序。到校率很高，云奶奶也按期与孩子互动。孩子们的母亲从好几千米外将他们带来。家长们说从没见过这样的学校——孩子们要求去。米兰变成一位信心十足、几乎不做干预的老师。他知道没有别的方法。他的英语也取得了长足进步，经常在脸书上写博客、发帖子。他的生活发生了变化。

不幸的是，卡拉卡蒂的家长们没有什么钱来支付设备的维护费用，而我从TED得到的奖金也用完了。我从美国的达里奥基金会得到了一些钱，对此我十分感激。但是到2018年秋天，已经没有更多的钱可以保障卡拉卡蒂云端学校的运营了。我很想替那些无力支付费用的人们找到一个能够支撑运营的经济模式。如果没有奇迹出现，那么卡拉卡蒂将关闭，成为一个废弃的建筑或牛棚。全世界的批评者就会前来参观并发表文章，说云端学校如何如何不可行，就如同他们针对墙洞实验在资金用完之后所议论的那样。

第5章

2号区域：印度西孟加拉邦西米德纳普尔区的钱德拉戈纳

米德纳普尔市（Midnapore）的历史是一部混乱、掠夺的政治史。在公元7世纪，这是一个虽繁荣却目无法纪的地区，用梵文来表示就是matsyanyaya，意即“鱼儿的司法制度”，它概括的是在混乱时期“大鱼吃小鱼”或弱肉强食的现象。

到了15世纪，这个地区的国王之一钱德拉克图（Chandraketu）谦虚地以自己的名字将最大的城市命名为钱德拉戈纳（Chandrakona）。他就是一条最大的鱼。之后，伊斯兰统治者（更大的鱼）控制了最后的印度王国。那时，钱德拉戈纳的纺织业很繁荣，盛产精美的丝绸和其他纺织品。然后一条大鱼进了池塘。

钱德拉戈纳在1760年由英国东印度公司统治。尽管英国人将法律和各种秩序带到了那里，但他们也看到了钱德拉戈纳纺织工纺织的东西。他们很快意识到，可以用他们新的政治权力来消灭竞争对手，剥削纺织工。在有了法律和秩序之后，我们看到，昊彻斯特和伯明翰生产的棉花替代了世界市场上的印度棉花。钱德拉戈纳的纺织工要么另择他地经营，要么改种土豆。那里的织布机停了。几个世纪以来，米德纳普尔的人民学会了奸诈、撒谎、偷盗，千方百计地将外国统治者引入歧途。他们痛恨不公道、无正义。

2013年我得了TED奖后，比目尔·巴苏（Bimal Basu）联系了我，问我能否在钱德拉戈纳建一所云端学校。那是我第一次听到这个地方。

阿西斯在2013年3月去了钱德拉戈纳。巴苏先生的机构叫“沙比克·帕里·卡尔岩·肯德拉”（Sarbik Palli Kalyan Kendra）。这个机构位于一个叫奇亚杰利亚（Kiageria）的村子，离钱德拉戈纳有几千米远。这是个到处是泥墙房子和泥路的乡村，空气里还混合着泥土、甘草和奶牛的气味。奇亚杰利亚方圆几千米都是土豆种植园。印度大量的土豆都来自这个地方。事实上，可以说无论在世界什么地方，当一碟炸薯条被端上来时，你很可能会尝到一点儿奇亚杰利亚的味道。

图 5.1 云端学校建立前的钱德拉戈纳场地

阿西斯一下就喜欢上了这个地方。去这里不像去卡拉卡蒂那么艰难，而且这里还有电。要想到奇亚杰利亚，大部分时间都可以从加尔各答出发走高速，大约 3 个小时的车程。出发时我们并不知道奇亚杰利亚这个名字。我们（包括巴苏先生）将它称为钱德拉戈纳。在后面的叙述中，我会交替使用奇亚杰利亚和钱德拉戈纳这两个名字。

2014 年 3 月 13 日，钱德拉戈纳云端学校正式启动，比卡拉卡蒂的学校晚了 4 天。那天能够在场，我深感荣幸。我觉得这是我们建的最好看的云端学校之一。室内有一个摆放着电脑和 Skype 屏幕的大厅、几个儿童用卫生间、两间带卫生间的客房，还有一个供客人使用的小门厅。当地的一家互联网服务供应商提供良好的网络宽带接入服务。紧挨着云端学校的是一座小寺庙。给这个寺庙增添恩典的神像在几年前被盗了，因此这个地方变得破败。我们维修了寺庙，摆放了克里希纳神和罗陀神的神像。一个当地的婆罗门教徒看管着这座寺庙，而互联网则确保其他一切正常运营。

图 5.2 钱德拉戈纳的奇亚杰利亚云端学校

你可以在纪录片《云端学校》的视频片段中看到钱德拉戈纳的儿童（见 视频 5.1）。

当地一帮青少年经常聚在校园里玩小台球（也称为手指弹球，需要在一块木板上玩儿）。他们对云端学校非常热情，但我对他们解释说，学校是为 15 岁以下的孩子办的。在每一所云端学校，我们都把年龄的上限定在 15 岁。这可以防止青少年占据设备，特别是在偏远的地方。但是在钱德拉戈纳，巴苏先生雇了其中一个做监理，还雇了一个老人，负责卫生和维护。为了保护他们的隐私，我就分别称他们为阿玛巴斯亚（Amabasya）和卡里达斯（Kalidas）。阿西斯用项目的经费给他们付酬。

学习与挑战

设备开放之后，孩子们开始涌向钱德拉戈纳云端学校，但是当地的网络服务供应商提供的网络接入不稳定。几个星期后，孩子们报告说电脑运行很慢。

阿西斯派了工程师雷纳波（Ranabir）去调查，此前的电脑安装、网络接入就是他负责的。雷纳波调查后发现，他此前装在电脑里的东西（如硬盘、内存条）被廉价的设备代替了。现在的硬盘比原来的容量小。同样，内存条也比他原来装在里面的小。原来，一家开办在这个村子里的小公司，以极低的成本给城里有电脑的人升级硬盘和内存。结果，云端学校的电脑就变得几乎没法用了。

阿玛巴斯亚和卡里达斯说他们对此毫不知情。事实上，他们也不相信会发生这样的事。巴苏先生很震惊。阿西斯问，是否要报警。最后，电脑修好了，电脑背后可以拿到硬盘和内存条的地方被我们用强力胶布封上了。阿斯西撤了监理阿玛巴斯亚，换了个新的监理，名叫乔伊戴博（Joydeb）。

雷纳波在室内安装了一个网络摄像头，这样就可以在智能手机上看到实时监控视频了。钱德拉戈纳的云端学校又正常运转了。丽图随机抽了 64 名儿童作为样本，开始她的测量。

面对卡里达斯和阿玛巴斯亚的强烈抵制，乔伊戴博仍然能够确保设备正常运行。可是之后又出现了一个问题——那些女孩都不来了。

当地的家长认识阿玛巴斯亚，所以在他当监理时，家长都愿意让女儿来云端学校。但是他们不认识乔伊戴博，所以不愿意让女儿来一个由陌生男人管理的学校。我建议再雇一个女监理，而苏米塔·蒙多尔（Sumita Mondol）是最佳人选。这下那些女孩又回来了。

有一个叫皮亚（Piya）的女孩在 2014—2016 年间一直定期来上课。

在杰里·罗斯韦尔横跨3年的《云端学校》纪录片中，皮亚出落成一个胸怀坚定抱负的大姑娘。她想加入警察行列。互联网对她确立这一志向起着举足轻重的作用。通过云端学校，她搜索了女子在警察队伍中的责任与优势，违背父母的意愿，决心要当一名警官。

其他孩子利用YouTube学到了各种各样的东西。有一次我去参观时，他们给我看他们用塑料瓶制作的一辆玩具车。这辆车由一台小风扇推动，轮子是由硬纸板做的。那时，乔伊戴博对于最低限度侵入式教育已经有了透彻的理解，就像云奶奶们做的那样，给孩子们鼓励。

2014年6月，卡里达斯坚持认为应有人住在那里才安全。几个月后，阿西斯和雷纳波开始注意到一些奇怪的变化。早上，那些电脑总是面对着房间的后墙，这样一来，就看不到屏幕了。网络摄像头也经常对着墙，而不是对着房间。一天晚上，阿西斯通过手机在加尔各答的住处观看摄像，发现一帮青少年和阿玛巴斯亚在浏览色情网页。那天晚上他们忘了将摄像头转开了。

阿西斯立刻去了钱德拉戈纳，将此事报告给了巴苏先生。巴苏叫来那些男孩，他们一个个坚决否认有这样的事，并说那些白天来云端学校的孩子——一帮年龄在6～13岁之间的男孩和女孩才是罪犯。可是摄像镜头已然告诉了我们真相。尽管如此，我们没有过分追究这件事，希望我们的警告能起到足够的威慑作用。

2017年7月，乔伊戴博走了。他变得不爱说话、心烦意乱。我怀疑是因为那帮青少年恐吓他，让他放他们进来。钱德拉戈纳的云端学校开始动荡飘摇。卡里达斯也变着法子来要钱。

此外，苏米塔也遇到了一些事情。她越来越神经质，沉迷于某种宗教“旅行”。她解释说，一位“神女”出现了，与她生活在一起。之后有一天，一个小男孩在用一台电脑时将鼠标掉到地上，这激怒了她。她对那个吓坏了的孩子厉声说：“谁来付维修费？你爸吗？”然后严厉体罚了那个男孩。我要求阿西斯立刻将苏米塔开除，不要让她靠近云端学校。后来，我们常见到她在村里与卡里达斯交谈。

发生了这一切之后，阿西斯建议关闭这所学校，将经费分配给其他学校。2017年，提供给钱德拉戈纳云端学校的资金被叫停了。

不管怎样，在这动荡不安的几年里，丽图仍然继续收集数据，还与村里的人成了好朋友。丽图是一个相貌惊人的女子，那些年轻的闹事者绝对不是她的对手。从阅读理解力、网络搜索技能以及自信心测试中获得的数据非常亮眼（见图 5.3、图 5.4、图 5.5）。

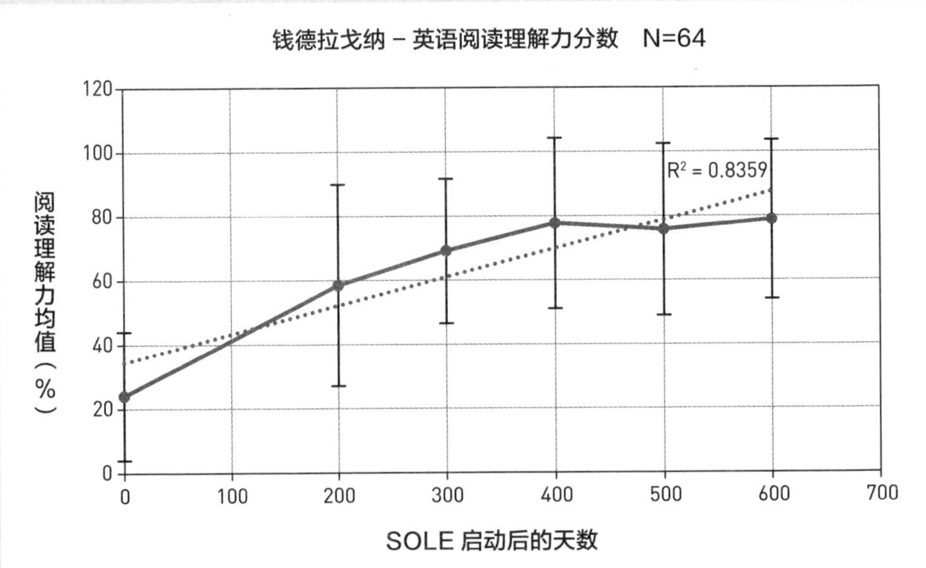

图 5.3 2014—2017 年钱德拉戈纳儿童阅读理解力的提升

如图 5.3 所示，一年之内，钱德拉戈纳儿童的阅读理解力得分从不到 40 分提高到了 70 分以上。图中 400～500 天间的下降，或许反映了发生在学校里的偷盗、不良行为产生的影响。

在第 200～400 天的“稳定”期内，我们看到了网络搜索技能的迅速上升，从几乎 0 分上升到超过 50 分（见下页图 5.4）。当事情进展不顺利的时候，例如在开始的 6 个月，电脑和网络处在调试阶段，以及第 400 天之后混乱出现的阶段，进步就停滞了。

在我们的实验中，这种情况我反复遇到过。最低限度侵入式教育要想蓬勃发展，自发秩序要想井然有序，电脑和网络必须完美运行才行。

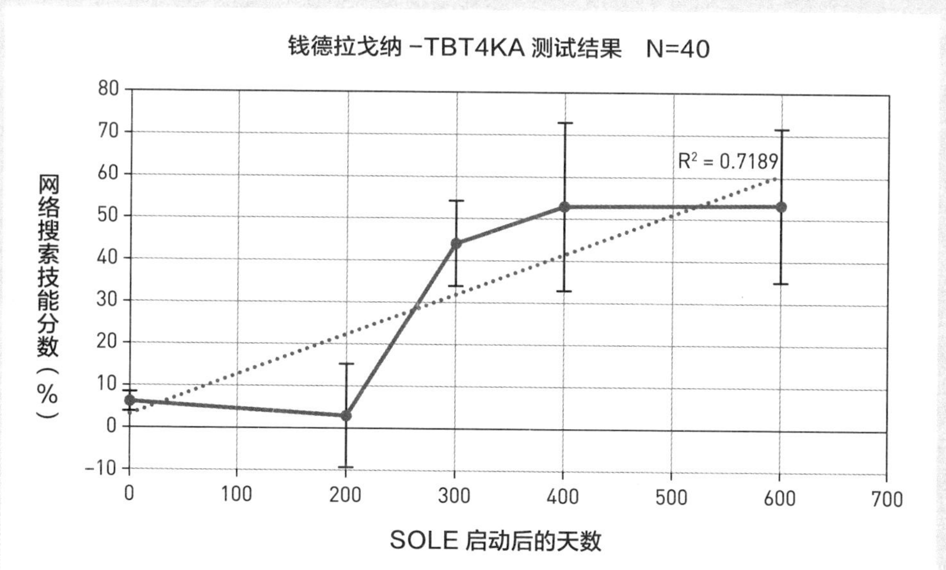

图 5.4 2014—2017 年钱德拉戈纳儿童网络搜索技能的提升

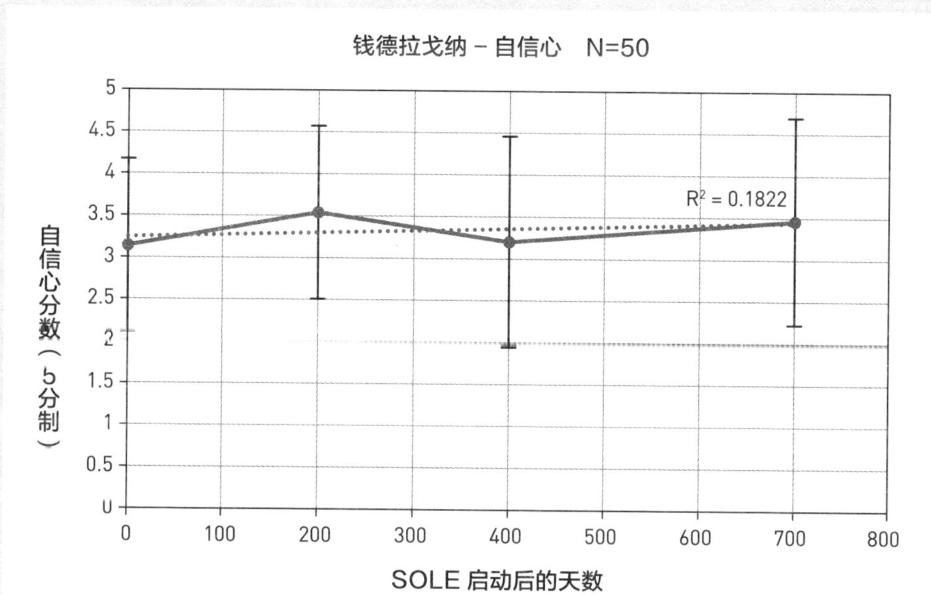

图 5.5 钱德拉戈纳儿童自信心水平测量

尽管遭遇了重重麻烦，钱德拉戈纳儿童的自信心测试成绩却出人意料。

正如上页图 5.5 所显示的，自信心曲线是平缓的，没有波动。钱德拉戈纳的孩子们对电脑操作能力十分自信，或许他们觉得自己可以应对生活中的任何问题。也许，1500 年的混乱历史磨炼了他们的基因，使他们能够泰然处之。

钱德拉戈纳云端学校在 2017 年关闭了 6 个月后，巴苏先生想重新开放。这之后，一个年轻人也写信给我，说他可以让设备重新运转。我给了他一些钱，但是我也不知道这个努力是否会成功。

这片“大鱼吃小鱼”的土地正等待着下一条大鱼的出现。

第 6 章

3 号区域：印度新德里的卡尔卡基

卡尔卡基位于新德里南部。20 世纪 90 年代中期，NIIT 正是在这里设立了总部。

从 1962 年到 2006 年，我一直在德里生活、学习和工作，其中有 4 年我去了加尔各答学习。我非常了解德里及其历史。它是世界上最古老的一直有人居住的城市之一。一个又一个的帝国将德里当作首都，每一位新的统治者都在旧帝国的废墟上重建这座城市。德里的历史充满了阴谋、政治、权力更替与谎言。在这座城市，你认识谁远远比你知道什么更重要。对我来说，无论在这里生活了多久，它都是一个离开了也永远不会再牵挂的地方。

始于 1999 年的墙洞实验场地在 2006 年被关闭了，因为德里政府要建一个停车场。孩子们很反感，NIIT 也有些生气，尽管公司从未这样说过。NIIT 在旁边一所公立学校的墙上设置了两台墙上电脑。这所学校名叫“公立第三男女高中”（Government Girls/Boys Senior Secondary School No.3，简称 GGSSS/GBSSS）。对贫民区的孩子来说，那个地点既不安全，也不醒目。只有几个人来这里，且还是偷偷摸摸的。

公立第三男女高中的早期 SOLE

卡尔卡基的这所公办学校其实包含两所学校。上午是女子学校，到了下午，等女学生离开后，它又变成了男子学校。学校很聪明地两次利用了同一个场地。

2010 年，我遇到了理查德·阿尔伯格（Richard Alberg），他是 MWS 科技有限公司的创始人和 CEO。这是一家职业教育与人力资源服务公司。听到我在一场大会上的发言后，理查德对于自组织学习这个想法印象深刻，主动捐款 5000 英镑让我用于任何项目。

几个月后这笔钱到账了，我写信给丽图，问她是否可以在 GGSSS 为 SOLE 辟出一个房间。该校校长吉瑟·戴维（Geetha Devi）很快就理解了这个想法，而且也知道我们早期做的墙洞实验，便热切地想辟出一个房间。她给我看了图书馆隔壁的一个小房间，SOLE 将会设在那里。

我从英国给戴维夫人写信，问她我们能否从 2010 年 1 月开始，并请她去政府那里获取必要的许可。戴维让丽图立刻先做起来。过了很久她才和我解释说，她还没有从德里的教育部门得到任何许可，因为假如她去申请许可，她敢保证项目会无限期拖延。

维克兰姆·库玛尔（Vikram Kumar），我在 NIIT 一起工作过的同事，在 GGSSS 建立了一间 SOLE 教室。我们让女孩们在 2011 年 2 月 8 日进入这间教室。10 天后，我写信给理查德，向他报告这笔资金的投入可谓立竿见影。

学习

> 亲爱的理查德：
>
> 用你捐赠的资金建立的 SOLE 教室在 2011 年 2 月 8 日运行了。我先从 17 名儿童开始，并问了这个问题：“世上有能够自行打扫房间的机器人吗？”
>
> 学校的校长说孩子们英语很差，也不知道如何使用电脑。
>
> 我让她们能做什么就做什么。没有教师，也没有指令。
>
> 30 分钟后，一个女孩说：“扫地机器人罗姆巴（Roomba）就能，印度很快就会有这样的机器人。”另一个说：“机器人做什么

不重要。它们的基本原理大多是相同的。”这些都是 11 岁的孩子。

校长含着泪说：“这些年来我一直低估了孩子们。从明天起我要彻底改变观念。”

理查德，谢谢你给了我们这样的机会。

苏伽特 · 米特拉

2011 年 2 月 18 日

我之所以选择打扫房间的机器人这个问题，是因为在这所学校，很多女孩的母亲是清洁工，就在德里的富人区工作。我以为她们会说，机器人会让妈妈们失去工作，可是她们没有这么说。

卡拉卡基的小姑娘们说：“有了这样的机器人，我们的妈妈就不用再去做家庭清洁工了。”我感到自己渺小、羞愧。

到 2013 年我获得 TED 奖时，GGSSS 的女生已经熟悉了 SOLE，特别喜欢这个“实验室”。她们英语的进步出人意料。

拿到 TED 奖后，我决定将 GGSSS 的设施升级为正式的云端学校。

图 6.1 位于新德里卡尔卡基 GGSSS 的云端学校

我给了丽图一小笔资金，比我们花在卡拉卡蒂、钱德拉戈纳、戈查兰的资金要少得多。在维克兰姆的帮助下，丽图在几个月内做了翻修。

卡尔卡基 GGSSS 云端学校于 2014 年 2 月 4 日正式启动。丽图先从一组新的儿童——这些孩子还太小，没有用过翻新前的 SOLE 教室——开始，进行常规测试。

2014 年 11 月，美国公共外交和公共事务副国务卿理查德·施滕格尔（Richard Stengel）访问了卡尔卡基的云端学校，并且为那些女孩做了演讲（见 视频 6.1）。这个视频是云端学校所获得的最大支持之一。卡尔卡基的女孩们也让他深受感动。

在 3 年的测试过程中，女孩们发生了翻天覆地的变化。我访问了那个地方好几次，每一次都能获得惊人的启示。让人印象深刻的有这样两件事情。

蒂帕（Deepa）12 岁，曾将一幅漂亮的仙女座星系图设为电脑的桌面背景图。我问她是否对星星和宇宙感兴趣。她点点头。

“那么你打算长大了成为一名宇航员吗？”我问。

“嗯。”蒂帕犹豫地说。

“或许你想成为一名空间科学家？”

“不是。”蒂帕说。

我被她的回答搞得有点儿糊涂了。她周围的女孩们都全神贯注地听着。

“你喜欢桌面那幅图，是吗？”我试探着问。

蒂帕脸上出现了奇怪、痛苦的表情。这真的很奇怪。突然她放声大哭起来。

“我想知道宇宙为什么会在那里。”蒂帕说。

我浑身感到一阵兴奋。就是这样一个女孩，想了解宇宙存在的原因。

“谁也不知道宇宙为什么会在那里。”我低声说。

还有一次，丽图给我看了一位名叫乔亚（Jaya）的女孩的视频。她也是 12 岁。在云端学校上了一年课后，她不仅说话流利，还能表达自己的态度。乔亚想成为一名律师。在视频里，她说穷人有时只是因为穷就会受到惩罚。她想改变这个现状。她想质疑，为什么无辜的人反而要受到法律的制裁。

威廉·斯隆（William Sloan）和丹尼尔·奥克森汉德勒（Daniel Oxenhandler）是两个年轻的电影制片人。他们工作了几年，拍摄了一部关于卡尔卡基女孩的影片。他们的纪录片《敞开的窗》（*The Open Window*）于 2019 年 4 月在哥本哈根首映（Birkegaard，Oxenhandler, & Sloan，2018），见 链接 6.1。

卡尔卡基的云端学校做得非常好。出现的一些挑战大部分与时间安排有关，因为那个房间太小。校长吉瑟·戴维确保一切正常运作。她的这个例子鲜明地体现了学校领导的重要性。

但是，生动、定性的逸闻趣事并不能讲述故事的全部。丽图的量化数据揭示了这个有关变化与成长的故事的另一半。

结果

到这项研究结束时，卡尔卡基女孩们的阅读理解力分数已接近 90 分（见下页图 6.2），这是在世界任何地方这个年龄段的孩子都应该达到的分数。但是你们会注意到，我们的初始基线是 60 分，还是比较高的。这是因为，SOLE 以及奶奶云在我们评估前已经在学校开展两年了。这要感谢理查德·阿尔伯格。如果没有云端学校，结果会一样吗？参照那所学校以往的成绩，吉瑟·戴维认为会不一样，但那时候，我们并没有做过这个测试。有时候，干预还是会起作用的，但是你无法证明。我只知道，卡尔卡基女孩们的阅读理解力要比世界上大多数地方的同龄人都要好。当然我也没有去过多少地方。

如下页图 6.3 所示，在云端学校运行的第一年里，儿童网络搜索技能的分数从几乎 0 分上升到 80 分以上。如果没有云端学校，这会发生吗？既然常规的学校课程里没有网络搜索这门课，那么就有足够的理由相信，网络搜索技能的提高可以完全归因于云端学校所做的工作。因为运作上出现了困难，丽图只做了第一年测试（2014 年）就无法继续了。学校正发生变化，我们一会儿再说。

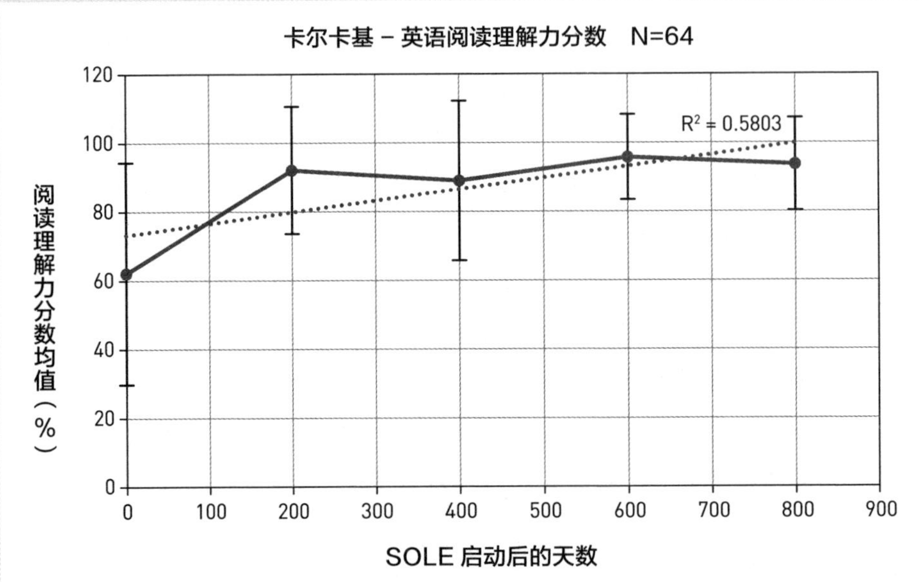

图 6.2 2014—2017 年卡尔卡基儿童阅读理解力的提升

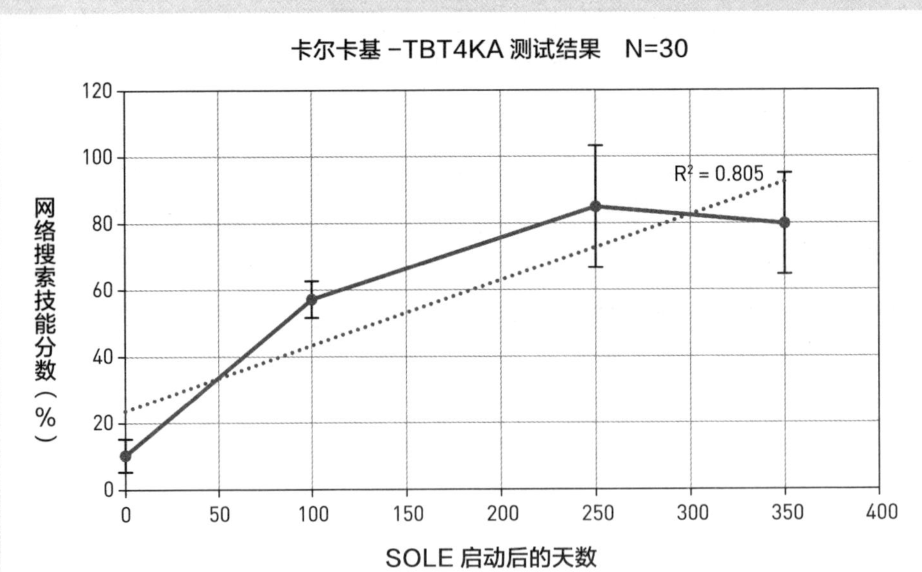

图 6.3 2014—2015 年卡尔卡基儿童网络搜索技能的提升

下图 6.4 显示的是一年半以来的自信心测试分数。你会注意到，在第 100 天到第 400 天之间，分数有小小的下降。我觉得这个下降并不显著。那些女孩从一开始就很自信，且一直保持着自信。

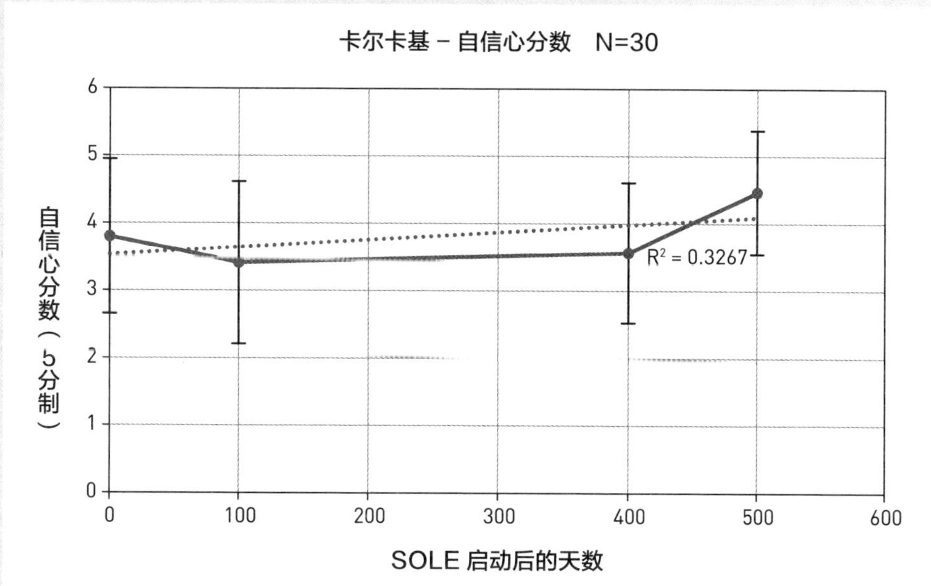

图 6.4 卡尔卡基儿童自信心水平测量

大约在卡尔卡基云端学校建成的一年半之后，吉瑟·戴维于 2015 年从校长位置上退了下来。

有人接替了她。丽图说新来的女校长态度强硬，很难相处。我不相信丽图说的，因为在我和新校长的唯一一次会面中，我觉得她非常有礼貌、真诚。不过，我心存一股说不清道不明的疑虑。

“云端学校有没有让你烦心的事，夫人？”最后我问她。

就像堤坝决口一般，这位校长的声音朝我倾泻过来。

“看那些姑娘！她们举止不端，过度自信，还好斗。她们跟老师对着干，说老师教得不对。不光说老师教的内容不对，还说老师的发音差。

“她们已经无视自己在社会上的地位。她们觉得自己能成就一切。”

听着她的话，我知道她想要表达这样的意思：“如果这样下去，那我们到哪里找女佣？”

当我最后一次回到 GGSSS 云端学校时，我试图向女孩们解释，让她们低调一点儿，试着装聋作哑。她们带着完全不解的眼神看着我这位老朋友。

2016 年过了几个月后，我从丽图那里收到一封令人震惊的邮件。

……卡尔卡基的形势似乎不怎么好。整个学校要搬迁到同一地点的另一座新楼里。刚刚得知，他们正在拆除 SOLE 实验室和校长办公室，现在 SOLE 实验室已没有可用的自由空间了。我已经和校长说了，暂时把我们的设备放在科学实验里。如果校长坚持，我就只得自己保管了。

因此，实验室要暂时关闭了。

我很担忧。

云端学校 TED 奖

2013 项目研究与项目协调人

丽图·丹瓦尔博士

卡尔卡基云端学校于 2016 年 6 月关闭，再也没有重开。

第 7 章

4 号区域：印度马哈拉施特拉邦萨特拉区的帕尔坦

早先的 4 所云端学校从社会经济和地理分布上来说，既包括贫穷、不发达的孙德尔本斯和钱德拉戈纳的农村地区，又包括印度东部戈查兰市区中下层中产阶级居住地和印度北部德里的都市贫民区。我们现在需要一个中产阶层聚居的市区。苏尼塔选择了印度西部一所位于帕尔坦镇的学校。

帕尔坦很古老。大英帝国时期那里的统治家族叫尼姆巴尔卡（Nimbalkars），其崛起可追溯到公元 14 世纪巴赫曼尼·苏丹（Bahmani Sultans）统治时期。有趣的是，当地一个名字相似的家族——尼姆巴卡（Nimbkar），在我们的故事以及该地区的现代史中发挥了举足轻重的作用。

20 世纪 30 年代，美国人伊丽莎白·伦迪（Elizabeth Lundy）嫁给了工程师毗瑟奴·尼姆巴卡（Vishnu Nimbkar），取了卡玛拉·尼姆巴卡（Kamala Nimbkar）这个名字，并成了印度作业疗法[1]领域的先驱。一所为弱势孩子设立的学校就是以她的名字命名的。1978 年，另一位杰出的美国人玛克辛·伯恩特森（Maxine Berntsen）设立了一个儿童发展机构，名为普拉格·希桑·桑塔（Pragat Shikshan Sanstha，简称 PSS），卡玛拉·尼姆巴卡·波尔勃哈凡学校（Kamala Nimbkar Balbhavan，简称 KNB）是该机构的一部分。我们称这所学校为帕尔坦 PSS，或简称

[1] 这是一种通过采用有目的的、经过选择的作业活动（如生活、娱乐、工作），维持、改善和补偿患者身体和心理功能的康复治疗方法。——译者注

图 7.1 帕尔坦云端学校

为 PSSP。该校校长曼杰里·尼姆巴卡（Manjiri Nimbkar）博士，是卡玛拉·尼姆巴卡的孙女，也是印度知名农学家彭博哈利·尼姆巴卡（Bonbehari Nimbkar）的女儿。

苏尼塔决定在 PSSP 建一所云端学校。曼杰里了解一点儿我做的工作，所以很爽快地答应了。

帕尔坦的云端学校于 2014 年 12 月 3 日正式启动。

PSSP 得到政府的认可，但没有经费。该校的教学语言是马拉地语。云端学校设在 PSSP 前面的一个房间内，从外面的路上可以清楚地看到。苏尼塔于 2013 年 6 月利用一台旧电脑，在那里先组织了奶奶云活动。曼杰里和大部分家长感到孩子们处境不利，因为他们的英语知识有限。

对于那里的设施，苏尼塔在报告里做了如下描述：

> SOLE 房间是个矩形的区域，面积约 21 平方米（我的估计），足够安置 5 台台式电脑、几张 U 型桌和一些色彩鲜艳的椅子，外加一台连着电视屏幕的笔记本电脑。实验室装着典型的玻璃窗，都是

等大的滑动式落地窗，以便最大限度地利用外面的微风。我们还安装了窗帘，晚上可放下来，以确保安全。

孩子们参与了设计，因为他们已经体验奶奶云活动几个月了。网络设备一开始运行良好，但在过去的一年中，帕尔坦对网络的需求增长显著，造成实验室宽带连接不稳定。因为摄像头摆放的位置问题，云奶奶在 Skype 课上与孩子互动时，只能看到坐在摄像头正前方的那些孩子。实验室有一个管理员和一个助理，他们主要负责支持小学生的课堂。其他老师和工作人员可以在一些个别的课堂上前来观察。他们都受过培训，知道自己要低调，不引起学生的注意。在老师的帮助下，孩子们轮流负责清洁工作和日常维护。

这所学校一共有 450 名学生，从学前班到十年级。他们有着不同的社会经济背景，其父母来自各行各业。有 52% 的学生支付较低的学费，有 29% 的学生一点儿学费也不用付，另外 19% 的学生付一半学费。教与学使用的语言是马拉地语，这也是该地区的通用语言。英语是作为一门学科来教授的。20% 的学生来自附近的农村地区，有些学生每天要走 15 千米路才能赶到学校。

当 15～18 个孩子或半个班的学生一起使用云端学校实验室时，它可用来为一年级到七年级的学生上排好的课，也可以供他们自由使用；当 5～8 个孩子需要进行更多小组互动时，它还可以用来上奶奶云课。自 2016 年 6 月以来，学校将实验室的使用扩大至学前儿童，因此大约 340 名学生有机会每周去一次实验室。

实验室每周开放 6 天（星期一到星期六），通常从上午 8:00 到下午 5:30。一年级到三年级经常在上午使用（7:30—12:30），四年级到七年级在下午使用（12:30—5:30）。

每天安排 3 次奶奶云课。

苏尼塔开始在帕尔坦测试五组儿童——二年级到六年级。她也测试了七年级到九年级，但是我们没有用这个数据，因为这些孩子已经习惯了奶奶云课。在大约两年的时间里，苏尼塔一共测试了 170 名儿童。这是我们做过的时间跨度最长的测试。我本以为我们将获取前所未有的完备数据，但我错了。

苏尼塔运用 ASER 和其他测试工具仔细地测量了孩子们的阅读理解力和志向。我没有收入有关志向的数据，因为我认为它们无助于我们理解云端学校为孩子们做了什么。影响儿童志向的因素有很多，包括父母、教师和其他榜样。虽然你将看到有事实证据说明云端学校有时确实改变了学生的志向，但我们没有足够的证据来证明。还有许多工作要做。

苏尼塔没有在帕尔坦测量自信心和网络搜索技能。她给出的理由很有趣：孩子们的自信心分数比我们的测试计划上升得还要快！在短短几个小时内，他们的得分就会达到 3 分线（5 分制）。出生于数码时代的孩子对操作设备、把事情弄清楚自信满满。他们也许会在考试的时候害羞、紧张，因为他们得在没有任何设备帮助的情况下证明自己"知道"，但是有了互联网之后，他们就不再害羞，不再沉默寡言了。

苏尼塔没有在帕尔坦测量网络搜索技能，因为她认为我设计的试题需要验证和标准化。这一次我不同意她的说法，原因我已在第 2 章中说过了。

在帕尔坦云端学校运行期间（2014—2017 年），孩子们升了大约两个年级（从二年级到四年级，从四年级到六年级，以此类推）。苏尼塔采集的阅读理解力数据显示了这几年来她所做的勤勉、艰难、一丝不苟的测试。

但是这样的数据在一个自然科学学生看来称不上"干净利落"。苏尼塔尽其所能地收集了很多测量数据。一所学校的孩子并不是粒子加速器中的亚原子粒子：你不能什么时候想测就测，想测什么就测什么。了解我们在帕尔坦的数据很重要，这样你才能充分理解我们的分析。下面我将描述苏尼塔采集到的数据。

解读帕尔坦数据

帕尔坦的云端学校向我们揭示了 SOLE 课以及奶奶云课对不同年龄儿童产生的影响。苏尼塔分别在 2014 年 11 月、12 月，2015 年 3 月、6

月、9 月和 2016 年 1 月、4 月、8 月去帕尔坦采集数据，总共 8 次。在此过程中，只要可能，她就会在那里停留一段时间，以便采集一套以上的数据。她一共采集了 13 套数据。因为操作上的困难、假期、足球比赛以及其他事情的影响，并不是所有的数据都可以覆盖她所测试的儿童。

她第一次去的时候，挑选了 36 个二年级学生、34 个三年级学生、31 个四年级学生、32 个五年级学生以及 37 个六年级学生作为样本。这一次访问是在 2014 年 11 月，但是学年是在 8 月开始的。因此，当她收集第一套数据时，所有年级都已开学 3 个月之久了。当她在 2016 年 8 月采集最后一套数据时，原来的二年级学生已升入四年级了。她称这个样本为 G234。这一隐晦的信息提醒我们：孩子们长大了！

当我们将这个命名法用于她最初测量的所有年级时，我们便得到了这样的标签：G234、G345、G456、G567 和 G678。这五个小组就是苏尼塔在 2014 年 11 月到 2016 年 8 月期间测量的。表 7.1 显示了苏尼塔在什么时间测量了哪些小组的情况。

表 7.1　2014 年 11 月—2016 年 8 月在帕尔坦 PSS 做的测量

2014 年 8 月学年开始								2015 年 7 月 第一学年结束							2016 年 7 月第二学年结束		
学期天数	0	50	100	150	200	250	300	350	400	450	500	550	600	650	700	750	800
测量天数			0	50	100	150	200	250	300	350	400	450	500	550	600	650	700
学生小组																	
G234			×				×			×		×		×			×
G345			×		×				×		×				×		
G456			×	×				×		×							
G567			×						×				×		×		
G678			×		×				×								

利用这些数据，我们可以绘制出两年间每一组取得的进步。但是我们能够将一组与另一组进行比较吗？我认为我们有办法。假设我们想比

较 G345 与 G456 在第 50 天（学年的第 150 天）的阅读理解力得分，而那天我们有 G456 的数据，但是没有 G345 的数据，那么我们可以参照 G345 在第 1 天和第 100 天（学年的第 100 天和第 200 天）的数据取得近似数据。最简单的估测就是将两个已知的点连在一起，取其中间点。这不是最佳的比较方法，但我认为这是个合理的猜测。

利用这种近似法，我们可以比较不同年级的小组。在下面你会读到有关 SOLE 和儿童阅读理解力的故事。它充满了希望。

帕尔坦数据的意义

在帕尔坦，苏尼塔于 2014—2016 年间测量了 5 个小组的学生。第一组有 36 名学生，苏尼塔分别在他们二年级、三年级和四年级时进行了测量。我们称之为二年级组。其阅读理解力的提高呈图 7.2 绘制的一个 S

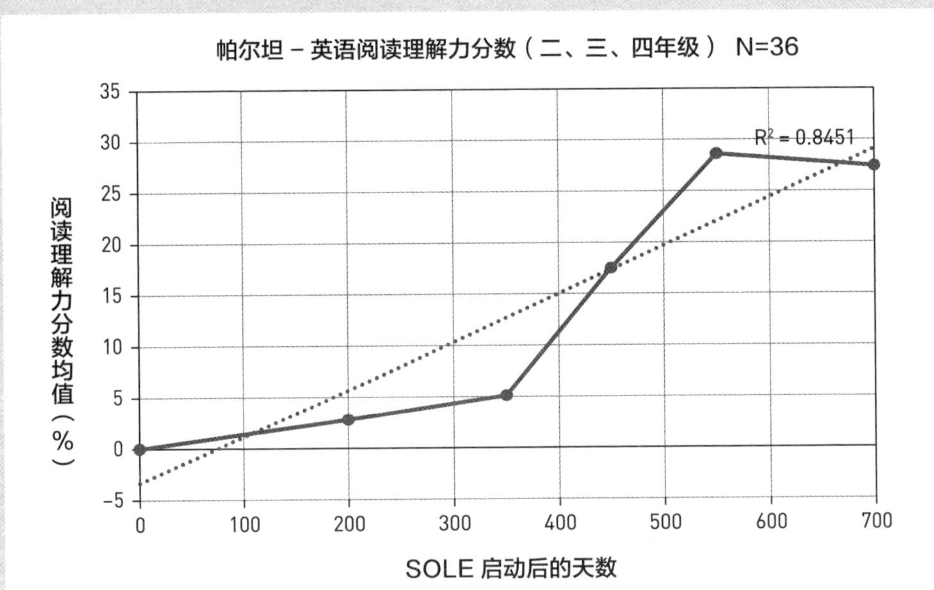

图 7.2 2014—2016 年帕尔坦二年级组学生阅读理解力的提升（二、三、四年级）

形，表明阅读理解力从 0 分提高到了 27 分。

重申一点，这 36 个孩子的阅读理解力分数从 0 分提高到了约 30 分，可能是由于他们的老师在此期间所做的工作，也可能是由于得到了云端学校的帮助。我们不知道到底是什么原因。

第二组有 34 名学生，苏尼塔在他们三、四、五年级时进行了测量。我们称之为三年级组。他们的阅读理解力（见图 7.3）显示出几乎直线的进步，从 23 分提高到了 60 分。

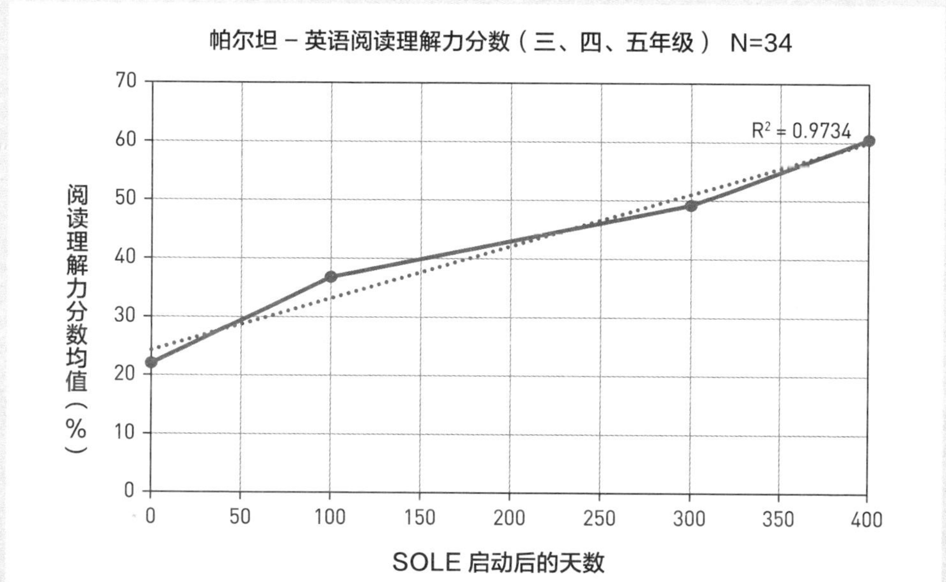

图 7.3 2014—2016 年帕尔坦三年级组学生阅读理解力的提升（三、四、五年级）

请注意，图 7.2 显示的是二年级一个班的儿童在 3 年间（从二年级升到四年级）的数据。同样，图 7.3 显示的是三年级一个班在 3 年间（从三年级到五年级）的数据。图 7.2 中那根 S 线到了图 7.3 里几乎变成一条直线。发生了什么呢？请记住，两个图显示的不是同一批孩子。

第三组有 31 名学生，苏尼塔在他们四、五、六年级时进行了测量。我们称之为四年级组。

这些学生首次测试时是四年级（见图 7.4）。在两年中，他们的阅读理解力得分接近 90 分。他们开始时在 42 分左右。在图 7.4 中，那条进步直线又出现了。这一提升应归因于教师还是云端学校呢？

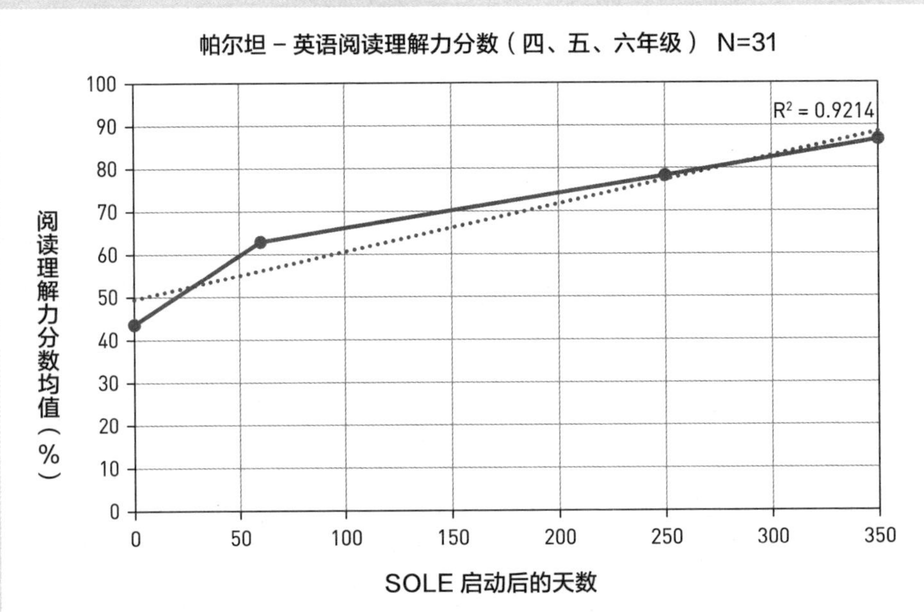

图 7.4 2014—2016 年帕尔坦四年级组学生阅读理解力的提升（四、五、六年级）

第四组有 32 名学生，首次测试是在五年级进行的，一直延续到七年级（见下页图 7.5）。

五年级组的阅读理解力分数在 2014—2016 年间从 50 分直线升到超过 95 分（见下页图 7.5）。除了“教与学”的方法之外，有没有什么其他原因导致了这一戏剧性的进步呢？

第五组，也是最后一个组，有 37 名学生，首次测试是在六年级时进行的，一直延续到他们升入八年级。我们称之为六年级组。

在诸次测试中我们可以看到，六年级组学生的阅读理解力成绩同样保持着上升趋势（见下页图 7.6），从 74 分上升到了接近 96 分。

这些图耐人寻味，它们暗示了不同年龄组阅读理解力的提高是不

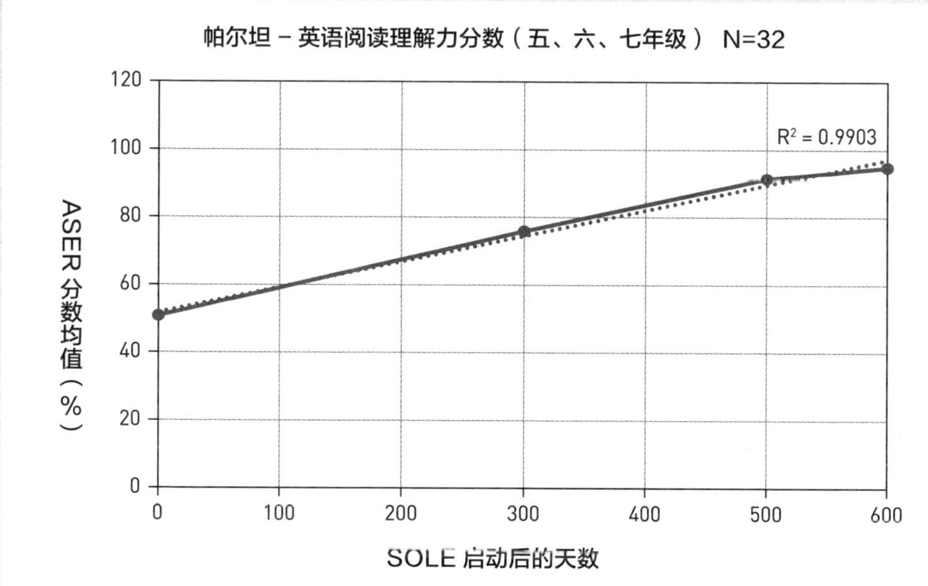

图 7.5 2014—2016 年帕尔坦五年级组学生阅读理解力的提升（五、六、七年级）

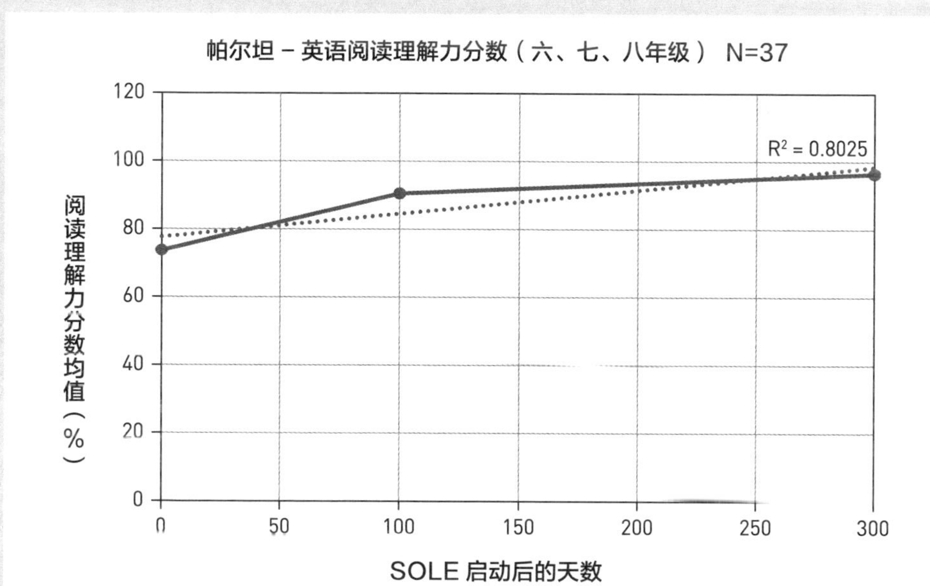

图 7.6 2014—2016 年帕尔坦六年级组学生阅读理解力的提升（六、七、八年级）

同的。年龄最小的学生阅读理解力的提升呈奇怪的S形，大一点儿的学生先呈曲线上升，之后是直线上升，而大龄组学生的进步就变得平缓。有没有什么方法可以证明，他们阅读理解力的提高与云端学校有关系呢？

苏尼塔测量了这5个小组的基线阅读理解力成绩（见图7.7），他们的阅读理解力测试分别始自二、三、四、五、六年级。这些成绩告诉我们，在没有云端学校介入的情况下，在学校中采用常规方法施教，孩子们的（英语）阅读能力有多好。她是这样记录的：

> 如果三年级组的阅读理解力基线分数大约是20分，而四年级组是45分，那么就可以这样假设，在学生就读三年级期间，他们的阅读理解力成绩在没有云端学校干预的情况下应该可以从20分提升到45分。换言之，常规的教师、学校课程和教学方法，至少应使学生取得这样的提高。

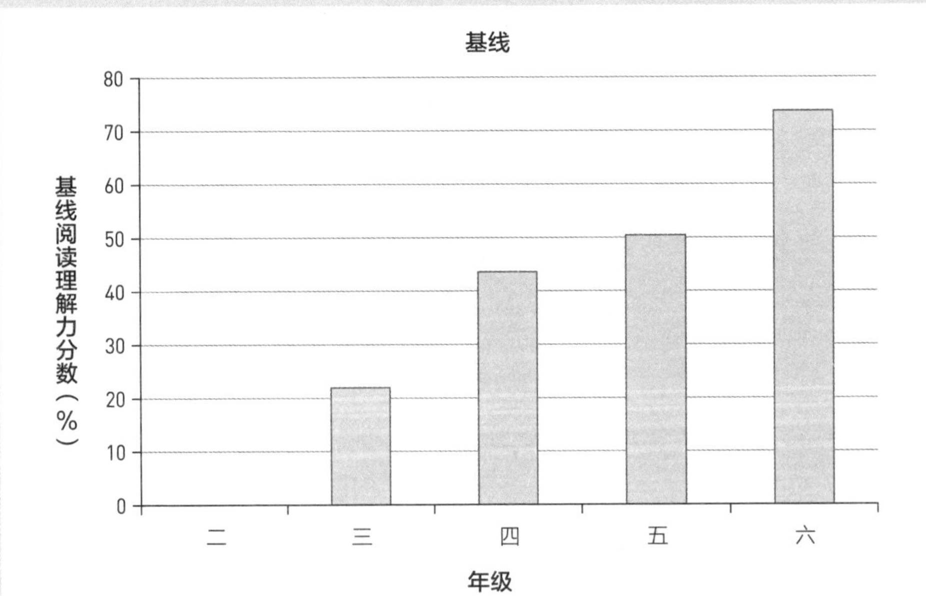

图7.7 帕尔坦学生基线阅读理解力分数

如下图 7.8 显示，学生的实际阅读理解力成绩，特别是三、四年级组的成绩，要比预期的成绩高很多。这可是个好消息！很显然，有什么在影响着这个意外的提高。在此期间，帕尔坦只有一种干预因素，那就是云端学校。

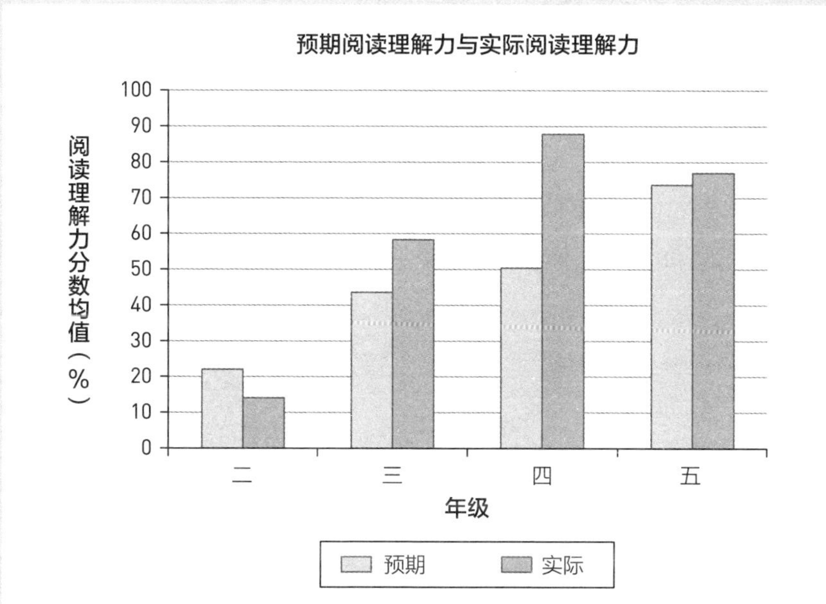

图 7.8 帕尔坦学生阅读理解力分数：预期成绩与实际成绩

还有更好的消息！帕尔坦 PSS 继续积极使用云端学校。校长和老师们理解并支持自组织学习这个理念。这个模式能发挥作用。

不过，有一个问题至今我还没能解决。云端学校是两个理念——SOLE 和奶奶云的结合。虽然帕尔坦的数据显示，云端学校确实显著提升了阅读理解力，但我们还是无法知道 SOLE 与奶奶云各自起作用的比例。要解决这个问题，我们需要一个环境，让孩子们只上 SOLE 课，而不上奶奶云课。我还没有这方面的数据。我们只能推测，奶奶云课更侧重于听和说，而 SOLE 课则更侧重于阅读。因此，SOLE 课也许对阅读理解力的提高贡献更大。

在苏尼塔采集的这些不可思议的数据中，还有一个反常现象。为什么使用云端学校的二年级组的预期（基线）成绩要高于实际成绩呢？是否我们测试的时间不对？低龄孩子阅读理解力成绩的 S 形曲线说明什么？

帕尔坦以北 2000 千米以外位于旁遮普邦的西德胡瓦尔村（Sidhuwal），或许会给你一个非常有趣的答案。

不过这又是另外一个故事了。你会在第 11 章中详细了解此事。

第 8 章
5 号区域：英国北泰恩赛德的基林沃斯

基林沃斯（Killingworth）是位于英国纽卡斯尔北部的一个城镇，19 世纪因煤矿而知名。正是在这里，乔治·斯蒂芬森（George Stephenson）于 1814 年建造了他的第一辆蒸汽机车，叫作“布吕歇尔”（Blücher）。布吕歇尔并没有使用多长时间，但乔治和他的儿子罗伯特在此基础上在乔治·斯蒂芬森公司的第四大街工厂——就在现今纽卡斯尔中心火车站附近——制造了那辆著名的“火箭号”（Rocket）蒸汽机车。

就是在这个静悄悄的且在当时还很贫困的基林沃斯，工业革命开始了。

埃米－莱（Amy-Leigh）是乔治·斯蒂芬森高中（George Stephenson High School，简称 GSHS）的一位教师，也是设计与艺术课程负责人。2012 年 4 月 18 日，在盖茨黑德的圣艾登小学，埃米与埃玛·克劳利（老师，我的一个同事）见了面，并旁听了她的一堂 SOLE 课。埃米邀请我去她的学校，看看她的学生是否也可以尝试 SOLE。我利用这个机会在自己身上做了个实验。我让埃米不要对我说学生们的任何情况，比如年龄、性别、正学习的科目等，什么也不说。我还告诉她，对学生和老师们也不要说我将在那里做什么。

根据安排，我与七年级的学生见了面。他们大约 12 岁。那节课的话题是艺术。我见了那位艺术老师，问他假如我不来，他原计划做什么。他说他准备讨论光和影对塞尚静物水彩画的影响。我倒吸了口气。我根本不懂这位老师在说什么。

“早上好，同学们，”我对好奇满满的全班同学打招呼说，“谁知道

图 8.1 云端学校建立之前的基林沃斯场地

‘光和影对塞尚静物水彩画的影响’这句话的意思吗？”

孩子们茫然地看着我，摇摇头。那个老师就按我的要求坐在教室后面。埃米也在旁边咬着指甲。

“好吧，我们必须做点儿什么。为什么你们不利用后面的电脑，看看能不能在 30 分钟内弄明白这个问题呢？”

“我们要分组吗？”一个孩子问。

“你们想怎么干就怎么干。”我回答。

一堂 SOLE 课就这样开始了。那位艺术老师走到我面前轻声问：“我们不用帮什么忙吗？他们甚至连‘塞尚’这个名字都不会拼呀。你看，他们敲的是‘苏珊’。”

我摇了摇头。谷歌率先指出，如果这些孩子搜索的是静物水彩画，那么他们指的一定是塞尚，而不是苏珊。

半个小时后，我们听到孩子们在描述塞尚的生活，以及他是如何开启了一种用光和影来表现的新风格，这种风格一直被后人沿用到现在。

孩子们发现，塞尚的技术让静物画看上去更具立体感。

那位艺术老师自豪地说，学生们做了他想让他们做的一切，他刚刚“教”了一堂艺术课！

埃米继续在 GSHS 上 SOLE 课，有几名老师也开始用这个方法进行实验。他们得到了伊恩·威尔金森（Ian Wilkinson）校长的支持。伊恩读过我的作品，觉得很有意思。没有他的支持，SOLE 在 GSHS 是不会成功的。

纽卡斯尔大学写信给埃米，请她发送一份书面材料，描述自己实施 SOLE 的经验（如下）。

> 我的名字叫埃米-莱·迪金森，现在是乔治·斯蒂芬森高中设计与艺术课程的负责人。我应邀写一封短信，谈谈苏伽特·米特拉以及他的工作对我和整个学校产生的影响。首先我来说说我是如何了解到苏伽特的工作的。
>
> 我的校长伊恩·威尔金森在一次全校集会上展示了苏伽特·米特拉和他的墙洞项目。我对苏伽特的工作很有兴趣，所以就联系了纽卡斯尔大学和他本人。我想知道，他做的工作是否已经在英国的中学开展了。由此我得以与盖茨黑德圣艾登小学的埃玛·克劳利取得了联系。我访问了她的学校，观看了一堂 SOLE 课。从那开始，我入了迷！！！对于上课的结果，我也大为震惊，因此迫不及待地想赶回学校尝试一番。我很荣幸苏伽特能来和我们见面，还给七年级的艺术班上了一堂 SOLE 课。他问的问题是：“怎样画一滴泪水，确保它看上去像真的一样？”
>
> 我的第一堂课面向的是八年级学生，我的问题是：“你们知道红宝石、钻石和绿宝石都是由同样的材料制成的吗？”在播放了一小段苏伽特的 TED 演讲后，我向学生们解释了什么是 SOLE 课。我永远不会忘记教学生涯中这一时刻：一开始心里想着“这是行不通的”，最后却完全大吃一惊。孩子们学到

了那么多东西（我也一样）。这说明，教学可以再次焕发激动人心、不可预测的活力。它可以启发儿童思考，让他们对自己负责，并成为自我管理者；它也表明，没有我去阻碍和切断课堂流程，大多数学生能相互学习。我的兴趣越发浓厚，还阅读了苏伽特的书《墙洞之外》，并开始在别的班级尝试这一做法（年龄与学习阶段都不一样）。有些结果相当出色，有些则一般，但这本身就证明这样的课是有意思的。我相信当孩子们到了参加 GCSE 和 A 级水平考试[1]的年龄时（15～17 岁），我们已妨碍了他们的学习，因为现行的教学大纲和考试文化没有试图培养具有独立能力的学习者。

苏伽特所做的工作完美融入我们整个学校的重点项目，比如相互协作和培养独立思考者。等到苏伽特下一次来与我校和伙伴校进行深入交流时，我们计划拿出有关 SOLE 的职业发展方案。这为展示 SOLE 是什么提供了一个平台。

SOLE 已经产生了以下影响：

- 它激励我作为一名教师和终身学习者，继续探索学生学习的未来。
- 在乔治·斯蒂芬森高中，SOLE 产生的影响是巨大的。全校持续职业发展（Continuing Professional Development，简称 CPD）建立在 SOLE 的基础上，并与学校的重点项目交织在一起。
- 通过 SOLE，我与许多志同道合的教师见面并创建了网络小组，分享不同学校的实践经验。
- 我已开始让学生组建 SOLE 规划小组。在这些小组中，

[1] 英国普通中等教育证书考试高级水平课程（General Certificate of Education Advanced Level，简称 A-Level），是英国高中课程，也是英国学生的大学入学考试课程。学制一般为两年，总共有 100 多个科目，专业分科极为细致，相当于大学的基础课程。——译者注

他们开发了后续课程，提出与所学主题相关的大问题。

- 一些教师已经在自己的课堂上尝试 SOLE，并从中收集数据。
- 苏伽特打算继续与乔治·斯蒂芬森高中合作，在校内开辟一个 SOLE 区域，供本校学生和其他伙伴校在周末预约使用。这样做不仅能为 SOLE 提供一个平台，还能收集丰富的数据与经验。
- 我认为受到最大影响的是那些上 SOLE 课的孩子。他们获得的学习成就是惊人的，而且达到的水平比那些接受传统教学方式的学生要高得多。我选取了八年级的两个平行组（一个作为对照组，一个作为 SOLE 实验组），测量学生的学业成就、学习行为以及从学习中获得的乐趣。在某些情况下，SOLE 实验组的水平要比对照组高出三级。
- 我给不少老师展示过 SOLE 课，而这又激发他们去尝试。我们会定期用推特分享我们的 SOLE 教学经历。
- 在苏伽特获得了 TED 大奖之后，我很荣幸受 TED 委托，来写写他的工作。而这又促使我主办了一场推特会议。现在，我与全世界正在尝试 SOLE 的人们通过网络保持联系。

能与苏伽特一起工作，我感到非常荣幸，并且期待参与未来的项目。他的工作非常鼓舞人心，我作为一名教师和个人所受的影响是巨大的。他的工作也为我与世界各地教师见面、分享实践经验，并将其带回我的学校和同事分享提供了机会。

埃米－莱·迪金森

2013 年

埃米对 SOLE 的支持是我得到的最好回报之一。

图 8.2　基林沃斯云端学校

乔治·斯蒂芬森高中的云端学校于 2013 年 11 月 22 日正式启动。要想听听埃米－莱·迪金森关于基林沃斯在云端学校建立之前的各种想法，可观看视频 8.1。

埃米完全遵循了我的设计。原来房间的窗户被拆除，换上了更大的窗户。家具大都由海绵橡胶制成，可以重新组合，做出不同的座位安排。电脑摆放的高度也各不相同，方便年龄小的儿童看到屏幕。房间还有一个吊顶，电线都是从天花板中的管道中穿下来的。每一根管道连着一张圆形桌子，上面摆放着电脑。墙上有一块大屏幕，用于上 Skype 课。房间的墙面可以用来写字。

只有一面墙不可以写字，于是埃米让我在上面写点儿什么，用记号笔写！我有点儿难为情，而我能想到的唯一一行字——“All mimsy were the borogoves...”[1] 现在仍然装饰着那块墙壁。

这看起来有点儿傻，但是我已经尽力了。

我委任一帮孩子成立“委员会”。他们要负责留意设备的使用情况。埃米和几位老师在“委员会”的监督下，开始定期使用云端学校（他们

[1] 源于刘易斯·卡罗尔（Lewis Carroll）《爱丽丝镜中奇遇记》中的一首无意义的诗歌。——译者注

称其为“SOLE 房间”）。几个星期之后，“委员会”的一个成员对我说：“某先生正在 SOLE 房间里上课。我们该和他谈谈，还是你和他说呢？”担心孩子们可能会和这位老师说什么，于是我答应和他谈谈。在整个项目期间，埃米维持秩序。

在云端学校正式启动那天，我们为老师和家长做了两个示范。第一个示范是一堂 SOLE 课，这堂课是在美国一所学校的孩子和英国基林沃斯孩子之间进行的，话题是海明威的作品。两个国家的孩子通力合作，尽管偶尔会吵吵闹闹、产生分歧，但整节课进展非常顺利。

第二个示范是给一些马上要开始学代数的孩子上的 SOLE 课。

我在黑板上写了个二次方程（那是我去之前从网上抄下来的）：

$$x^2 + 24x = 180$$

孩子们看上去迷惑不解。

“为什么字母和数字搅在一起呢？”

“我可不知道。你们觉得呢？”我问。

“我觉得这是代数。”其中一个孩子说。

“那么你能算出 x 是多少吗？”我问。

“你说 x 是多少是什么意思？ x 是个字母哇！”

“是吗？”我问。

SOLE 课就在这样生动活泼的讨论中开始了。在这闹闹哄哄的氛围中，我听到了“大马士革”这个词。我不知道他们进展如何，但正像大多数 SOLE 课一样，当他们有了大的发现时，吵闹声就开始变得柔和起来。

大约 30 分钟后，我告诉孩子们，我们的时间快到了，他们需要告诉我他们的发现。

接下来的是一个从印度到中国、巴比伦，再到古希腊、波斯的古老故事。“战争都是因代数而起的。”孩子们心满意足地说。

显然他们被代数的历史吸引住了。我从没有从这个角度考虑过数学。那么这种方法能让一门通常被认为是乏味艰涩的课程产生魔力吗？

不过，时间到了，我想知道他们是否关注了我提的问题。

“那真是棒极了，”我说，“但是你们得出 x 的值了吗？”

“6，”坐在前排的一个男孩说，“我们早就得出答案了。”

也就是说，他们在几分钟内就得出了答案。当然，他们并没有“解开”这个方程，而是互联网解答的。但是在找到答案之后，他们就去关注代数的历史了。“这意味着什么呢？”我问那些迷惑不解的老师和家长。

那堂课结束了。我感谢孩子们杰出的表现，他们鼓起掌来。在我离开教室时，一个孩子来到我面前。

“顺便说一下，苏伽特，那个方程有两个答案。”他说，“如果你知道如何解二次方程，或者你知道如何用谷歌搜索，另一个答案是负 30。”

我被这个解答震惊了。在那个冬日离开乔治·斯蒂芬森高中时，我的头脑模糊一片。

在印度，我们测试的是英语阅读理解力和流畅程度。我们没有在英国这样做，是因为这些孩子的母语是英语。弄清楚云端学校的体验是帮助英国学生提高了阅读理解力还是网络搜索能力，一定很有意思。不幸的是，我们没有必要的工具来检测这种相关性。我跟踪了 GSHS 的 SOLE 房间的使用记录，发现使用率随着时间的推移稳步增长，而且附近的小学也开始来使用。SOLE 现在已成为 GSHS 教学的一部分。

当 SOLE 在一所学校成为日常工作的时候，教师和学生有可能将 SOLE 视为一段放松的玩耍时间。孩子们只需花上几分钟时间，根据搜索引擎搜到的点击量最多的内容，就能得到指定问题的答案，然后就可以用剩下时间来玩游戏了。如果是这样的话，那么我相信要么是因为教师提出的问题没有意思，无法吸引孩子们的注意力，要么是因为那个问题不具挑战性或挑战性太大。SOLE 课需要在秩序和混乱之间取得一个微妙的平衡，否则很容易误入歧途。

另外，如果一组儿童上的 SOLE 课太多，比如每天一次，那么 SOLE 就成了他们日常生活的一部分，成了“小组工作”或“探究活动”。在英国，我就听到有人这样描述 SOLE。这无疑会使 SOLE 变成浪费时间的举动。要了解我对 SOLE 使用频率的看法，请查阅第 10 章中“设计和提出大问题”一节。

到目前为止，GSHS 的云端学校运行良好。2017 年，我收到了这样一封邮件：

> 嗨，苏伽特：
>
> 你或许不记得我了，我是乔治·斯蒂芬森高中 SOLE 委员会的成员。我想知道这个项目现在进展怎样了。有机会成为这个项目的一部分，一直让我感到自豪，而且它又影响了我对生活的选择。我只是想知道这个项目是不是像我当时参与时那样，在成长壮大。

有时候，只言片语就让生活有了意义。

第9章 6号区域：英国达勒姆郡的牛顿艾克利夫

从基林沃斯往南驱车一个小时（66千米），就来到了一个名叫牛顿艾克利夫（Newton Aycliffe）的城镇。

1825年，爱德华·皮斯（Edward Pease）建造的斯多克顿和达灵顿铁路在牛顿艾克利夫附近经过。乔治·斯蒂芬森是该铁路的总工程师。在铁轨上奔跑的，正是他的第一辆铁路蒸汽机车“一号机车”。牛顿艾克利夫这片区域遍布沼泽，大部分时间大雾笼罩。第二次世界大战期间，草地覆盖的大型军火厂就建在这里，附近的铁路为其提供服务。成千上万名女性甘愿冒着来自地面和德国空军轰炸机的巨大危险在这里工作，她们被称为“艾克利夫的天使”。

2010年11月，我认识了当代的艾克利夫天使。她叫凯蒂·米尔恩（Katy Milne）。

凯蒂是牛顿艾克利夫镇格林菲尔德社区学院（Greenfield Community College）的艺术与创造部主任。她听说过我所做的工作，还针对SOLE的使用问题，在该区组织了一场研讨会。这场会议由埃玛和我主持。

凯蒂随后又开了一次会，检查老师们都采取了什么行动。随后她又走访了一些学校，召开了一系列会议。保罗·多兰是达勒姆大学的一个老师，在组织这些活动中起到了极其重要的作用。保罗和我走遍了达勒姆郡，访问学校，示范SOLE课。SOLE能够在英国东北部推广，主要归功于凯蒂和保罗所做的工作。

2011年和2012年的大部分时间，我都待在美国麻省理工学院的媒体实验室。在此期间，凯蒂继续开展SOLE教学，常常通过Skype和我

图 9.1　云端学校建立之前的牛顿艾克利夫场地

进行视频会议。凯蒂和保罗所做的工作澄清了 SOLE 在学校中的作用以及正当理由。下文摘录于凯蒂的报告。

SOLE 的益处：

- 学生已能独立地将学习资源由电脑拓展到书籍。
- 项目经理和云奶奶的角色挖掘出学生的优秀品质，而这些品质在其他环境中也许很难被发现。
- 学生提出了想要探索的令人惊叹的兴趣领域。
- 在一段时间内学习一直在发生。

SOLE 的挑战：

- **我们下一步应该设计什么样的问题？**

可以请年轻人来帮忙。他们认为什么样的问题是好问题？

- **我们如何从学生的展示中概括要点，为下一次课设计出新的、趣味盎然的、开放式的且又吸引人的问题？**

试着从每个小组的概括中发现一个不同的要点，并从中抽取稍稍不同的成分，将其添加到最后一个小组的要点里。让学生参与进来。真诚地寻求他们的帮助，将收集到的信息与新的信息联系在一起，并找出真正有意思的探索内容。比如，你能将平等和性别调查应用到动物王国中吗?

- **在为期10周的行动研究中，我们如何防止学生厌倦普通话题?**

想办法设计一个足够开放的问题，以便做进一步研究。鼓励学生帮你找到下一个问题。

- **我们应该怎样测量学生对所学内容的学习成效和理解深度?**

有两个方法:

1. 培养学生的SOLE技能。对于盖茨黑德那里的10岁孩子，这花了整整一年时间。

2. 问学生一个诸如GCSE那样的问题（比如，从以往的试卷里选一个与平等和性别相关的问题）以评估他们的回答能力。

有证据表明，在学生掌握了SOLE的相关技能之后，一旦我们将SOLE方法作为标准课堂教学方法的一部分，学生就能够取得更高的成绩。

- **我们如何在学生的展示阶段提取更多细节，以避免每个小组重复同样的要点?**

鼓励学生随时交换小组，或者在房间里四处走动，看看其他人都发现了什么，这有助于消除此类重复，因为学生会知道哪些信息已经被找到了，并尝试寻找别的信息。

- **可以采取什么样的策略劝说学生不要单独工作，而要和小组成员合作呢?**

让学生来帮助你。或许你可以在SOLE课之外讨论这个问题，询问一些学生为什么单独工作似乎没有发挥应有的效用，又该做出怎样的完善。

2012年5月15日

图 9.2 牛顿艾克利夫云端学校

在这些年中，凯蒂得到了格林菲尔德社区学院院长戴维·普里斯特利（David Priestly）的帮助和鼓励。他是一个英俊、极善于表达的人。他没有在 SOLE 的问题上大惊小怪，而是在一旁观看，得出自己的结论。

在我获得了 TED 大奖之后，我和凯蒂的讨论就改变了方向。

牛顿艾克利夫镇格林菲尔德云端学校于 2014 年 2 月 13 日正式启动。

有了 TED 的资金，凯蒂在学校接待处对面的一个房间中建了云端学校。房间的两面墙上装有大玻璃门窗，后墙面向校外。地上铺的是人造草皮。电脑桌也同样用这种材料覆盖，使整个房间看上去像个设有电脑、椅子和长凳的草坪或公园。墙上贴有云朵形状的塑料剪切图，一些显示器上面还坐着小兔子。云朵形状的硬纸板从天花板上垂下来，上面写着一些问题。我们称这个房间为“13 号房间”，一切都很棒。

13 号房间的使用率很高。附近的学校也会预约时间来使用。就像基林沃斯那样，我没有在牛顿艾克利夫对学生进行评估，但在接下来的 3 年里追踪了设备的使用情况。这所云端学校引起了人们的关注。凯蒂得到了一个名为“焦点学校”的全球连锁学校的工作邀约，在英格兰南部的利明顿温泉镇以及新西兰和澳大利亚待了一段时间。

下面是她对那段时光以及 13 号房间的记录。

格林菲尔德社区学院艺术 SOLE 课

云端学校的 13 号房间是如何使用的

根据我们的记录，一共有 10710 个年轻人来这里探索 SOLE。

这是根据迄今为止总共 180 次课得到的数字，不包括格林菲尔德艺术部主任在其他线下、线上，或培训时上的许多 SOLE 课。

估计以这样的方式上的 SOLE 课还有 100 节，而且其中有些课的人数很多，大约有 30 次课的参与人数都在 150 人，估计总共可达 670 人。这个数字还不包括与我合作过的人——大约有 600 名教师、2500 名年轻人。

全部加起来，我们一共有 14480 名参与者。

大多数年轻人来自格林菲尔德社区学院（11～16 岁）。我们还与当地及该区的小学合作，也经常接待来自全国，乃至全世界的来访者。我们多次向大学生推广 SOLE。我们组织社区及校外的 SOLE 课。在 13 号房间、本地的其他学校和机构，我们开展并主办了很多针对教育工作者的培训。

SOLE 项目结束之后发生了什么变化

2016 年 5 月到 2017 年 9 月，被临时借调过来的格林菲尔德艺术部主任继续与 600 名英国教师、500 名新西兰和澳大利亚教师开展 SOLE 工作。在格林菲尔德社区学院，当地的小学仍然预约 13 号房间来上 SOLE 课。此外，我们每年还会给当地所有小学的五年级和六年级学生上 SOLE 课。格林菲尔德社区学院还在继续探索 SOLE。很多学习内容已被应用于常规课堂，对教与学的方法产生了影响。2017 年，学院接受了 Ofsted 的检查，被评定为“有待完善”。这引起了学校对重点项目的关注。

我也加入了印度诺伊达市（Noida）云奶奶的行列。

怎样才能做得更好

我们可以和纽卡斯尔大学合作，以便更好地分析和理解我们收集到的信息，共同探讨不断涌现的且大家感兴趣的领域。

2018 年 8 月 15 目

你也许想知道，Ofsted 对格林菲尔德社区学院做出“有待完善”的评估背后有着怎样的故事。幸运的是，这与 SOLE 无关。2017 年初，附近一所表现不佳的小学并入了格林菲尔德，戴维成了合并学校的校长。这是相当具有挑战性的工作，要整合两所学校，提高整体标准。在 Ofsted 检查期间，合并工作才刚刚启动。Ofsted 所要求的“完善”，在当时尚属于一项“正在开展的工作”。

许多电视台和报纸来牛顿艾克利夫的云端学校进行采访。其中《卫报》于 2016 年写了一篇题为《苏伽特・米特拉——那个脑袋挂在云端的教授》的文章，讲述了我那个验证 12 岁儿童能否回答 GCSE 问题的实验。这可不是一篇恭维文章，它责难 SOLE 缺乏事实依据。不过，我也没有被吓住。我在伦敦的贝尔维尔小学做了更多的实验，而该校杰出的校长约翰・格罗夫在贝尔维尔学校的网站上发表了一篇精彩的文章。他没有罗列数据，只是说他看到儿童能在 SOLE 课上回答 GCSE 问题，比通常的时间早了 9 年。后来，萨拉・伦纳德（Sarah Leonard）——后面你们还会听到她的更多故事——看到《卫报》的这篇文章后非常生气。她写的反击文章可以在云端学校的网站上找到。你可以在本书的网站：http://resources.corwin.com/schoolinthecloud 上看到上述三篇文章。

- 链接 9.1　Peter Wilby, “Sugata Mitra—The Professor With His Head in the Cloud,” *The Guardian*, June 7, 2016.
- 链接 9.2　John Grove, “I Don’t Need to Know Everything; I Just Need to Know Where to Find It When I Need It,” *S.O.L.E.* [Website Section].
- 链接 9.3　Sarah Leonard, “Urging Students to Teach Themselves,” *Positive News*, November 9, 2016.

我们在SOLE课上使用的方法应该能使12岁儿童回答GCSE问题，而这只是13号房间的遗产之一。对《卫报》来说，SOLE的经验也许还不够好，但是对我来说已经足够好了。

第 10 章
如何创建你自己的云端学校

TED 项目期间，7 所云端学校给我们提供了有关互联网对儿童学习影响的有用数据和许多难以置信的故事。现在世界各地已建立了更多的云端学校。你可以上网搜索，找到这些云端学校的位置，并阅读它们的故事。你或许会受到启发，创建一所你自己的云端学校！

在 2013 年的 TED 演讲台上，我承认“我不懂如何创建云端学校，因为我从来没有建过”。获得 100 万美元之后的 5 年过去了，是时候在本章说说如何创建云端学校了。

为什么要创建云端学校

我希望本书中讲的一些故事已经给了你部分回答。对我来说，云端学校为不确定的未来上了一道保险，同时也阻隔了时下仍然流行的陈旧考试制度。从更实际的角度看，云端学校将互联网带进了学校和社区。如果我们的儿童每天 24 小时都要与互联网生活在一起，那么我们为什么要将其排除在主流教育之外呢？

我认为互联网应该成为学校的一门必修课，就像物理和文学一样。这门课教起来很有挑战性。它的变化太快，因而根本来不及编写教材，且教师也很难跟上其发展现状。因此，必须有不同的方法帮助学习者了解互联网，并评估他们的学习。虽然你无法教授互联网知识，但你可以了解它，向它学习！如果你必须对互联网做一番具有实际意义的审视，那么这样的审视只能通过互联网才能完成。如果要将互联网这项当下最重要的儿童生活技能作为学校的一个科目，那么云端学校将成为他们学习或评估所学内容的唯一途径。

事实上，如果学校旨在解决当今人类面临的最大问题，如果学校致力于应对未知之事，而非讲授一大串已知之事，那么云端学校将是孩子们的必备和重要资源。

互联网告诉我们人类知道什么，知识又保存在哪里。假如我们需要，它可以在几秒钟内将这样的知识带给我们。这就好像我们有了智能手机之后，就能把世界上所有图书装进口袋里一样。互联网正改变我们的学习方式，从“以防万一”到“正逢其时”。互联网了解我们这些芸芸众生知道什么，想要披露什么，但它并不知道我们虽已知却不想去披露的，至少 2019 年的时候是这样。但是互联网越来越能够猜测我们不想披露，甚至不知道的事。它有点儿像无所不知的大侦探夏洛克·福尔摩斯。我们称之为人工智能（AI）。我们对它还有些畏惧，就好像它不是由人组成的。但是我们应该意识到，互联网就是由我们组成的。

当然，老师这一职业还是不可缺少的，因为互联网对那些还没有人知道答案的问题一无所知。能教学生如何提出无人知晓答案的大问题的老师，在相当长时间内还是会有一份稳定的工作的。

观看 视频 10.1，听听一位老师的分享，看看她为什么认为教师在 SOLE 课上帮助学生寻求一个真正的大问题的答案是至关重要的。

考试时可以使用互联网吗

对于这件事情，我曾感到沮丧，因为它看起来好像是件遥不可及的事。大约三年前，我读到了一条新闻，说印度将部署军队搜查 300 万学生，在他们进入高中考场之前没收他们携带的智能手机。两年之后，一条类似的新闻说，要搜查学生是否携带了智能手机、智能手表、无线耳机。我暗自发笑。再过一两年，为了检查孩子们在考试期间是否携带了什么上网设备，我们可能会要求他们在进考场前先做个核磁共振了。监考人员如何才能检测出通过手术植入体内的联网设备？

你无法阻止互联网进入考场。当它真正进入考场时，它会破坏现行的评价体系以及迎合它的教学方法，就像互联网已经摧毁了纸质的百科全书、黄页、地图以及其他纸质资源一样。世世代代我们一直在尊崇并教授这样的资源以及驾驭它们的技能，但这样的资源与技能都已经过时了。在当今世界，孩子们需要的主要技能是使用设备、搜索网络、理解搜索到的信息。

云端学校是一个解决目前这个需求的方案。因此，如果你是教育工作者、家长、社区领导，或有心的公民，你需要知道如何创建并运行一所云端学校。

空间

首先，你需要空间。这个空间可以设在学校里，运动场上，或者社区中，比如公园或社区图书馆。这个空间要安全、可见，能一次容纳 24 个孩子。还记得戈查兰云端学校的灾难吗？那里容纳了 40 个孩子。能容纳 24 个孩子的最小空间约 25 平方米。这一空间可以是任何形状。我开辟的一个最小空间就是运动场上的六边形空间，就此我后面再说。如果你不缺空间，那么像基林沃斯或牛顿艾克利夫那样的房间是比较理想的，它们大约 35 平方米。我建议你以每个孩子占地 1.5 平方米的比例计算。如果是开放空间，那么卡拉卡蒂是个不错的例子，虽然纯属偶然。

云端学校的墙应该安装很多落地窗，这样人们从外面就可以清清楚楚地看见屋内的一切活动。要当心回声。有许多廉价的方法来降低回声，比如使用吸音材料，使用边边角角来打破产生回声的“驻波”[1]。

有一面墙不能使用玻璃。这面墙要安装一个大屏幕，用来上 Skype 课，或者开视频会议和投影。儿童也需要一面墙来写字或钉便签。

[1] 是指频率相同、传输方向相反的两种波。——译者注

应该确保室内有足够的自然光和新鲜空气。阳光直射到屏幕上，孩子们很难看清屏幕上的内容，因此要想办法在不使用窗帘的情况下降低阳光的直射。从外面应该能够看清楚云端学校室内的一切，而且也应该让儿童知道这一点。

地板可以使用木板、软地砖、地毯，或者凯蒂在牛顿艾克利夫使用的那种很棒的人工草皮。儿童可能会摔倒，电脑也可能掉落。不要让人和电脑受伤。

家具

你可以把一面墙当黑板来用，选择那种可以让儿童用可擦除的笔在上面书写的材质。也可以放一块老式的黑板，使用无尘粉笔。不过它和电脑放在一起，看起来会有点儿古怪。

如果空间是为 24 名儿童设计的，那么你需要将电脑显示器摆成六个面。桌子要用圆角的，因为孩子们为了看清屏幕会拼命顶桌子。在有些地方我们用的是半圆形桌子，而在另一些地方，比如基林沃斯，我们用的是圆形桌子。从天花板上垂下来的管子穿过桌子，里面包的是电缆。与一条直线相比，围成一个圆圈更有利于分组。桌面要用可清洗的材料，最好上面还可以写字。一定要确保桌腿不会伤人，或者挡了孩子的路。

座位可以是椅子、海绵块或任何重量轻的东西，方便儿童随意移动。这一点很重要，因为儿童喜欢自己分组，并决定坐在什么地方。你也可以使用轻便的圆凳。在戈查兰，我们使用了三条腿的圆凳。麻烦的是，凳子腿容易断，儿童常常摔倒。

还要为老师或监理准备一张小桌子和一把椅子，方便他们在 SOLE 课或奶奶云课上使用。可以为桌子装一个带锁的抽屉，此外还要有储存材料、手册、纸张、各种配件等物品的地方。准备一个兼作座位的矮箱子，也是可行的。

电脑设备

这部分写起来不容易，因为等你读到这部分时，这些信息恐怕已经过时了。

每张桌子都得有一个大屏幕，我建议不小于 19 英寸。在基林沃斯，埃米使用的是 29 英寸的屏幕。这当然很棒，但也很贵。这些屏幕对于云端学校的正常运行至关重要。

我们在印度准备第一批这样的设备时，阿西斯和雷纳波使用的是当地制造的电脑，一个落地式 CPU 与屏幕、键盘和鼠标连接起来。正像我们在钱德拉戈纳看到的那样，从 CPU 里偷取零部件很容易。在卡拉卡蒂，蜥蜴和蛇在里面筑窝，导致芯片短路。现在，电脑都是一体机了，所有部件都安装在显示器后面的机箱内。无线键盘和无线鼠标也出现了，但我们不建议采用，因为电池要经常更换，鼠标可以装入口袋带回家去。而且孩子们在争夺时，也会把无线键盘和无线鼠标弄到地上。有线键盘和有线鼠标就可以避免这些问题。线要足够长，这样即便键盘和鼠标掉落，也只会悬在地板上方。

所有电脑都连接无线网。虽然我说了键盘和鼠标要用有线的，但那指的是桌子上的东西。连接网络的以太网线要长，我们通常将其包在地板或天花板的管道里。老鼠（啮齿类动物）喜欢电线，因此将无线路由器安装在墙上是个最安全的办法。

墙上还要安装一台大电视，用来开视频会议（目前我们使用 Skype）。还要在电视上装一台摄像头。每一台电脑都要能使用 Skype，但是我认为用笔记本电脑更方便。监理可以使用它来做记录和收发邮件。电视机摆放的位置要确保上 Skype 课时，屏幕中的人看上去像真人一般大小。这很重要，因为这样做可以营造一个逼真的感觉。在一个小屏幕上与一张邮票大小的脸说话，是无法令人信服的。同样，一张金刚般的大脸盯着孩子，恐怕也不是什么好主意。

电源、网络和空调

如果你的云端学校设在现有的学校内，那么你应该已经有了电源、网络和空调。如果没有，下面是你需要做的。

太阳能现在越来越便宜、可靠。2014 年阿西斯在卡拉卡蒂安装了太阳能板。四年之后，这些太阳能板仍然运行良好。卡拉卡蒂的电池体积庞大，且每隔几个月就得加满蒸馏水。按照 2018 年的标准来说，这些电池很原始，但是那些所谓的免维护电池很昂贵。问题是，太阳能发电设备至少要 15 年才能收回成本，因此开始的投资必然会很大。

我通过一切方法联网。像卡拉卡蒂这样偏远的地区，我们利用一个 VSAT[1] 碟形天线直接从卫星联网，这样使用了一年。它非常昂贵，且接入速度很慢。最好的方法是通过网络供应商（比如移动电话公司），使用无线接收机，按月计费，没有数据使用量的限制。在许多国家，这种方式仍然很贵，但在印度很便宜。2018 年，6 台电脑不限流量，月费是 1000 印度卢比 [2]。儿童用 YouTube 进行搜索的次数，与用谷歌搜索的次数一样，甚至更多，这会消耗很多流量。

如果你有电源可以运行空调，在炎热的天气里这是很有必要的，虽然生活在这样气候条件下的儿童可能已经适应了这种温度。空调也可能让他们生病，所以要小心。这与在寒冷气候条件下供暖是一个道理，虽然程度较轻。重要的是确保室内有足够的氧气和新鲜的空气。

如果你的云端学校设在社区里，你需要一名监理或协调人。就像我在前面说过的，年长的女性监理会令家长们感觉更舒服。如果可能的话，最好设两名，一名男，一名女。监理的工作是负责孩子们的健康与安全，他们并不需要教学。给社区云端学校的儿童安排时间比较困难。你可能得设计一种预约制度。显然，如果学校在某个时间段有空位，且有一个

[1] Very Small Aperture Terminal 的缩写，即甚小孔径终端，也称为卫星小数据站或个人地球站，具有灵活性强、可靠性高、使用方便、可直接装在用户端上等特点。——译者注

[2] 其时约合人民币 97 元。——译者注

新的孩子来，他/她应该被允许进入。我们不鼓励家长进入云端学校，他们应该在玻璃墙外面观看。

如果云端学校设在学校里，那么应该制定预约制度。老师们可以提前预约，或在空余期间使用。

达斯加拉模式

达斯加拉（Dasghara）是位于西孟加拉邦的寺庙之城塔拉克斯瓦（Tarakeswar）以北 12 千米的一个村庄。这个村庄的历史要追溯到 18 世纪早期，当时人们在那里建造了一座古辟纳斯（克里希纳）寺庙。寺庙由陶瓦覆盖，被认为是世界上最好的陶瓦寺庙之一。这座寺庙是由我母亲的一个祖先萨迪·比斯瓦斯（Sati Biswas）建造的，旁边是一个湖，还有一座气势宏伟的大厦。比斯瓦斯家族统治了那个地区好几个世纪，在那里创建了第一批学校，其中一所是小学。我的一个叔叔吉班约蒂·比斯瓦斯（Jibanjyoti Biswas）问我为什么满世界建云端学校，这里却一个都没建。

因此，就在达斯加拉小学里，我利用从 TED 项目中学到的创建了一所云端学校。这也是至今我所创建的最后一所云端学校。

古辟纳斯（Gupinath）

克里希纳（Krishna）是印度的爱与同情之神。他的名字意即黑色或深蓝色，出现在公元前 1 世纪的梵文文献和公元前 2500 年之前的口述传统中。克里希纳在年轻时因为爱上牧牛姑娘罗陀（Radha）而出名。后来，在史诗《摩诃婆罗多》描述的一场战争中，他成了勇士阿俊（Arjun）的车夫。克里希纳的策略及政治智慧帮助阿俊和他的兄弟们赢得了战争的胜利。作为回报，他们封他为印度最西端德瓦尔卡（Dwarka）的国王。

"gopi"这个词在梵语里是"牧牛人"之意。年轻的克里希纳拥有神一般的长相，还是一个传说中的长笛手。很自然地，他被那些崇拜他的牧牛姑娘们包围，因之得了一个绰号，叫古辟纳斯（Gopinath，意即牧牛人之王）。这就是他在整个印度北部人们熟知的名字。

在印度东部西孟加拉邦的达斯加拉，一座陶瓦寺庙里立着一尊克里希纳神像，他在演奏长笛，罗陀就在边上。据我所知，这座雕像是18世纪早期建成的。

达斯加拉的比斯瓦斯家族拥有这个寺庙和这个村庄。他们称他们的神为古辟纳斯，这个名字就这样保留了下来。

当地人都知道达斯加拉的古辟纳斯。

我在本书中将其拼写成“Gupinath”，为的是表达对达斯加拉小学的谢意，因为达斯加拉云端学校模式就是在那里发明的。

达斯加拉云端学校是一个六边形建筑，有五面玻璃墙、一面砖墙。它位于儿童游戏区的一侧。屋顶是矮矮的椎体，不会产生回音。地板可以清洗，所有家具都是当地生产的。整个建筑的面积是 5 米 ×5 米，中间有一个圆柱用来支撑屋顶。三台电脑就围着这个圆柱摆放，另外三台靠着墙边摆放。砖墙上有一台大屏幕电视，用来上 Skype 课，Wi-fi 接收器也安装在这面墙上。建造这所云端学校的费用（以地面以上部分计算，包括建筑、电脑、家具，还有网络），在 2017 年总计 5000 英镑[1]。

空间虽然有点儿挤，但达斯加拉的云端学校一次可以容纳 24 名儿童。我认为在一个经费不宽裕的学校，这已经是能建的最好的云端学校了。我称其为“达斯加拉模式”。

云端学校的使用

老师们应该知道什么是云端学校，用它来做什么。你可以进行一次

[1] 其时约合 42 万印度卢比，4.35 万元人民币。——译者注

图 10.1 达斯加拉云端学校

3 小时的概况介绍。将所有老师召集到一起，给他们播放 SOLE 的视频。网上有许多这样的视频，大多是我做的。不要去看长达一小时的那种。我无法理解会有谁能忍受那么长的东西。

网上也有其他非常好的资源，比如 SOLE 开创时的视频介绍（链接 10.1）。或者你也可以从 TED 网站下载 SOLE 工具包（链接 10.2）。这个虽然有点儿旧了，但重要的内容都有。

让老师们讨论视频，并提出问题。你未必有答案，但是你可以将问题记录下来让老师们以后去回答。

上一节 SOLE 示范课。我觉得让 24 名 10 岁孩子来参与要容易得多。在示范期间，请老师远距离观看，但不要和孩子说话。

然后让老师们继续讨论。他们会问问题，做评论，提建议。告诉他们可以实验这个方法。

下面是我如何上一节 SOLE 课。

如何上 SOLE 课

1. 让孩子们在 SOLE 空间里随便就座。如果这是他们第一次上这样的课，那他们一定会觉得好奇。

2. 说："这是一种新的学习方法，让我们看看是否行得通。"

"让我们看看是否行得通"是孩子们愿意听到的话，因为他们能感觉到这个新方法不是现成的。适应了 SOLE 课的孩子不需要多少指令或鼓励。如果你做得对，他们会喜欢的。

3. 孩子们就座之后，提出一个问题。这或许是 SOLE 课最重要的部分，它决定了这节课的成败。可参照下面的例子来设计问题。

有关生成大问题的额外指导，请观看 视频 10.2，听听我对提出大问题所需步骤所做的思考。

例 1 2011 年中国香港："树会思考吗？"

在 2010 年于英国牛津举办的全球 TED 大会上，我第一次听说斯蒂芬诺・曼库索这个名字。仅凭一个演讲就能改变我的整个世界观，是很少见的。曼库索谈论的主题是树木。他说到了他做的一个实验：在一片小树林中，他在一棵树上刻了一刀，这棵树开始产生抗生素来防止感染。这是大自然的非凡壮举，但是接下来曼库索讲的让在场听众鸦雀无声——小树林里的其他树叶也开始产生抗生素，因为那棵受伤的树通过树根和菌类这样的网络发出了警告。"这是泥土里的互联网"，曼库索说。如要观看曼库索的演讲《植物智慧之根》（*The Roots of Plant Intelligence*），请访问 视频 10.3。

2011 年我受邀到中国香港好几所国际学校访问。在其中一次访问中，我决定也来问问孩子们树是否能思考这个问题。那次课是在学校的图书馆进行的，桌子上放着几台电脑。我面对着一群眼含期待的孩子。

"你们喜欢树吗？"我问。

孩子们拼命点头。

“我也喜欢，”我说，“它们的味道很好闻。”

“但是最近我听到一些关于树木的很奇怪的事情。”

孩子们看着我。

“一位意大利科学家说，树能思考。”

一阵嗡嗡声和吸气声传来。

“现在我也不知道该怎么看这个事情，”我说，“我对树木了解得也不多。”

“我们来把这个问题搞明白，怎么样？”我略带迟疑地问道。

“好呀！”孩子们说。

“那么，我们这么办：你们可以用互联网，也可以一起讨论。大约40分钟后我们再汇合，看看大家是怎么想的。行吗？”

孩子们一起点头，然后面面相觑。我想他们还不习惯随意交谈。

“你们可以自己分组，也可以随时换组，还可以四处走动，看看别的小组在做什么。”

孩子们看上去有点儿惊慌失措。

“对了，还有一件事。你们不可以和我说话，而我在上课期间也不能和你们交谈，所以不要问我任何问题。”

大笑。

“我需要一个助理来处理问题，你们知道的，因为我不能和你们说话。你们可以和我的助理说话，而他或她可以和我说话。我可以和我的助理说话，而他或她可以和你们说话。”

一阵骚乱。

几分钟的大声讨论之后，孩子们选出了一个助理——一个印度男孩，他们认为他能当个好经纪人。

SOLE课就这样开始了。

这些孩子大约花了10分钟才真正领会到SOLE的精神。之后便传来熟悉的嗡嗡声，是我在众多墙洞实验场地经常听到的。之后孩子们开始在电脑之间快速走动，热烈讨论。我的助理忙着处理电脑问题，平息争议。

“能上洗手间吗？”一个孩子问。

我的助理说："30 秒。"手里还拿着手表。

我必须告诉你的是，到 40 分钟结束时，我的助理被两个男孩按倒在地。他的鞋子被没收了。"好吧，幸亏是他而不是我。"我心想。

在这 40 分钟期间，那些在一边观看的老师们几乎忍不住要插手，但是我竖起了手指以示警告。

"我们没有时间了，"在到了 40 分钟时我说，"告诉我你们的发现吧。"

孩子们告诉我们，在他们看来，树木是不能思考的。"交换化学物质也许很聪明，但它不等同于思考和交流。"他们说。这确实是那时科学界的普遍观点，这些 12 岁的孩子在 40 分钟之内就搞明白了。

老师们后来问我，孩子们是如何理解刊物上的学术论文的。他们的阅读技能还不允许他们做到这一点。不过，你们现在知道这是怎么回事了，对吗？

例 2　2018 年英国布里斯托尔："树会思考吗？"

2018 年 7 月，我尝试了 7 年前我在香港问的同样的问题，不过这一次是在布里斯托尔的一所小学，针对的是 20 个 11 岁的孩子。

那是一个漫长、炎热的夏天。你不必相信我，但你应该相信这一点，因为那个夏天确实炎热。那所小学有一个专门为 SOLE 建的房间。看到这个，我非常高兴。

"我住在北面，在盖茨黑德。"自我介绍之后我说，"你们也知道那里很热，地面开始变黄了，树木看上去也很苍白、疲乏。"

那些孩子神情严肃地点点头。

"但是我发现，由大树上掉下来的种子长出来的小树，在父母的树荫下看上去更绿、更新鲜。"

孩子们看着我，我想他们可能还没有听到过将树木称为父母的。

"可是你们也知道，地底下可以获取的水量都差不多，那么那些小树是从哪里得到更多的水呢？"

鸦雀无声。

“会不会是那些老树自己不用，将水让给了小树呢？”我低声问。

孩子们向前靠了靠，窃窃私语起来。

“树能思考吗？它们能相互交谈吗？能决定做什么事情吗？”

鸦雀无声。

“我也不知道答案。我们来找找答案，好吗？”

拼命地点头。

然后我告诉他们分组、交谈、四处走动以及在 SOLE 课堂上可做的其他事情。我告诉他们不能和我交谈。他们之前做过这个，所以知道这一点。

“我需要一个助理。”很多人举起了手。

“等一等，”我说，“你们不能给自己投票。你们得告诉我除了你之外谁能做最好的助理。”

一阵混乱和争论之后，健康的民主选举随之而来。一个小姑娘被选为我的助理。后来，那些老师告诉我，这个小姑娘平时大部分时间都在指挥他人怎么做事。她在这方面很能干。我们可能会在这里看到一位很棒的未来领导者。

SOLE 课开始了。

那天在布里斯托尔，孩子们报告说，植物根尖纤维的细胞看上去像神经元，其行为表现也是这样。根系就像一个神经网络——大脑。树木的“大脑”以化学形式通过微小的线状真菌相互交流，所以树木是可以交流的。它们的进化时间比人类的还要长。父辈树木明知要死亡，可还是会放弃水和养分，将它们留给小树。

在香港的 SOLE 课上提出这个问题之后，相关研究经历了整整 7 年的发展，而现在这些研究成果就被这些孩子总结了出来。我对斯蒂芬诺·曼库索多年前在牛津 TED 上做的演讲印象深刻，他看到这个一定会感到自豪的。在正式课程赶上最新研究之前，SOLE 已经能将最新的发现带给孩子们了。

一个小男孩透过学校的窗户，回头看着操场后面的一片树林，低声说：“它们也会思考。”

⁙例 3 “重建日本”

在新加坡的一所国际学校，我刚刚与老师们聊完 SOLE——我们讨论的是怎样上 SOLE 课才有趣。那时，埃玛和我正在英国用 GCSE-A 级试题进行实验，想看看 8 岁儿童如何解答。新加坡的老师很感兴趣，其中一个老师说他正在测试毕业班的学生（17 岁左右），用的问题是“二战”之后美国对日本的重建。我们决定也对 12 岁儿童提出这个问题。当时我一定很想冒险，因为我建议对 7 岁的孩子提出同样的问题。老师们很吃惊，必须承认，我对自己说的话也感到有些惊慌。

我们给孩子们分成两个小组：一组是 24 名 14 岁的孩子，另一组是 16 名 7 岁的孩子。然后把他们安排在两个不同的空间。我先去了年龄较小的那个组。

“许多年前爆发了一场大的战争，全世界的人都在打仗。”

孩子们认真听着。

“美国人发明了一种很强大的武器，叫原子弹，将它投到了日本。”

“这之后战争就结束了，但是日本需要修复，因为一切都让这两颗美国炸弹摧毁了。”

孩子们拼命点头，表情严肃，就好像他们要修复被他们弄坏的东西似的。

“那么，我们来看看美国是如何在这次大战之后重建日本的，怎么样？”

“好。”孩子们回答。

“不过，我也不知道他们是怎么做的。你们可以从网上找出答案吗？”

在介绍了 SOLE 的通用规则之后，他们开始了。我离开那里，去了年龄较大的孩子所在的房间。

“你们知道‘二战’，对吗？”我问道。

他们说是的。

“那么战争是如何结束的？”

“德国人失败了。”其中一个说道。

“你知道战争期间日本发生了什么吗？”我问。

他们知道珍珠港，也知道广岛，但是对于两者之间发生了什么事件不很清楚。有几个人去过新加坡圣淘沙岛上的军事博物馆，但是没记住多少东西。

“在 A 级考试中有一个问题，要求考生就‘二战’之后日本的重建写一段论述。”

“这是给 17 岁孩子设计的，但是你们想试试吗？你们可以上网，也可以讨论。”

他们先是一脸不可置信，随后毫不迟疑地说：“好的。”

我解释了 SOLE 的方法，有了助理，SOLE 课便开始了。

半个小时之后，14 岁组的孩子详细解释了麦克阿瑟将军关于重建日本的政策，包括他制定的规则、日本最终的自由，以及占领的结束。他们的老师认为这是一个很好的答案，在 A 级考试中可以得到好成绩。他非常高兴。

“非常好！”我告诉那些孩子，“你们干得漂亮，这可是为 17 岁的孩子设计的问题。”

“他们一定很笨。”一个女孩说。

大家都咯咯笑了。

那些 7 岁的孩子做完后就出去玩儿了。我把他们叫了回来。

“那么关于重建日本，你们发现了什么？”我边用一种很学术的口吻问，边将鼻梁上的眼镜推得低低的。他们笑了。

其中一个说话了：“美国赢了，日本输了。于是美国人告诉日本人他们（日本人）有多坏。然后他们告诉日本人该做什么来修复被毁坏的一切。然后一切都修复了，于是日本人就告诉美国人他们（日本人）有多棒。”

“嗯……”我慌忙说，“在我看来，以 7 岁孩子的水平来看，这个答案非常准确。”

大家鼓起了掌。

例 4 “澳大利亚的物理与气候条件如何影响我们的生活方式?”

在盖茨黑德的圣艾登小学，埃玛曾给四年级和五年级（9～10 岁）儿童上过一堂 SOLE 课。她用了个简单的小花招，问了一个并不有趣的地理问题。她先让我们墨尔本的朋友布雷特·米洛特用视频录制一个问题并发送给她，然后将这条视频投到墙上。孩子们一点儿也听不懂布雷特用澳大利亚口音说的是什么。不过，布雷特已预料到了这一点，因此提前将那个问题写在了旁边的一张纸板上。

那个问题是：“澳大利亚的物理及气候条件如何影响我们的生活方式？”

“让我们仔细阅读这个问题。”埃玛说，并慢慢地将问题大声读出来。

接下来的就是一堂典型的 SOLE 课。孩子们花了不少时间，因为他们不懂什么是“气候”，而且很多人连泰恩河对岸都一无所知，更不用说世界的另一端了。

这个问题由两个不同的小组（四年级和五年级）同时回答。

孩子们报告说，澳大利亚中部的沙漠迫使人们居住在大陆的边缘。他们还发现，在澳大利亚中部一个叫库伯佩迪（Coober Pedy）的地方，有人因为高温生活在地下。他们展现出了明晰、透彻的理解力（见视频 10.4）。

在视频中你们会注意到，那个我称为“助理”的人曾被叫作警察。这在英国行得通，因为尽管人们要服从他们的命令，但警官是友好、让人放心的人。

在澳大利亚却不是这样。布雷特和保罗不再使用 SOLE 课中警察这一角色。他们的理由是，由一两个学生来扮演“警察”这一角色，对自组织学习的理念起不到什么支持作用，只不过是将教室里或课堂上教师的传统权力转移到学生身上而已。于是我就将这个角色的名称改成了“助理”。

设计并提出大问题

从这些例子中，你或许能够看到问题是如何设计并提出的。设计问题确实没有什么方法可循。你可以在 startsole.org 上找到各种各样的问题，但终究得由你自己来提出问题，且用的是你自己的语言。得到一个“好”问题的方法是，就某个你将谈论的话题，向自己提出一系列问题。比如，假如你的话题是“罗马帝国”，你可以这样来思考：

1. 为什么儿童需要了解罗马帝国？因为那是人类历史很重要的一部分。
2. 为什么儿童要了解人类历史？因为它解释了我们今天的许多事情。
3. 为什么儿童要了解我们是什么样的人？因为他们得明白这对人类的意义是什么。
4. 为什么儿童要了解这对人类的意义是什么？因为他们得明白现实。
5. 为什么儿童要明白现实？……

因此我对 5 岁儿童最喜欢问的问题是：“我们是真实的吗？”

顺着这个思路，将这些问题想清楚。或许你可以向他们展示一幅罗马斗兽场的图画，然后问：“这是什么建筑？为什么破败了？”

或许他们会通过这种方式了解自己的现实。

等你想好了问题，SOLE 课就可以开始了。退到一边，从远距离进行观察。这是儿童的研究时光。请助理来帮忙。助理可以帮你解决大部分问题，比如调解争端、帮助落单的儿童融入小组、鼓励大伙，以及切可能在 SOLE 课上会发生的事情。

这样的课可长可短，视你的目标而定。对于那些很小的孩子，比如 8 岁以下的孩子，最好将搜索时间控制在 30 分钟以内。大部分 SOLE 课都不要超过 45 分钟。当你发现孩子们开始焦躁不安、过分安静或聊起天来的时候，你就知道一堂课快结束了。

你若觉得时机成熟，就让孩子们停止搜索，回到“课堂”模式，让他们展示结果。我不建议让每一个孩子都展示。这会占用很多时间，而且很乏味。让他们以小组的形式展示。现在，你也许想知道如何确保每个孩子都能独立学习。如果你正“教”的是一个传统的班级，你就无法保证这一点。在任何学习情境中，都会有一些学生学到了全部，而一些学生却一点儿头绪也没有，大部分学生只是或多或少学到一点儿。这被称为“正态分布”，是考试成绩在图表上总是呈现钟形的原因。

小组展示还有另外一个问题。

记住，小组本应是流动和变化的。教师不要去组建小组，而要让儿童自己组建。如果他们喜欢，可以随时变换小组。我的解决方案是，以电脑为单位进行展示。这能够确保他们以大约 4 人一组来展示。应该给每个小组几分钟时间。建议后面展示的小组不要重复前面小组已经说过的东西，因为这等于浪费时间。告诉他们，到最后一组展示时，其他小组很可能已经把最后这个小组想要说的东西都说完了。但是没关系，这个小组只需说，他们的看法跟前面的小组一致即可。

一个小组在做展示时，其他人应该认真听。告诉他们，如果他们不听，那么当轮到他们做展示时，别的小组也会不听。告诉他们要讲得慢一点儿，清楚一点儿。这对他们来说，是实践公共演讲的绝佳机会。鼓励他们认可他人的工作。如果有孩子说“我在另一个小组的启发下发现了这一点”，那就是个了不起的结果。每一个展示结束，大家都要鼓掌，就像在会场一样。

下面到了 SOLE 课最难的部分了。作为教师，你要将所有这一切整合到一起。

倾听第一组的展示并做总结。比如，你可以说：“很好。第一组发现斗兽场像个做游戏的运动场。但是他们又说，这场游戏可能非常暴力，人要杀死动物甚至互相残杀。我的天哪！”

接着听下一组展示，从中找到与先前小组展示内容之间的联系。比如：“第二组在第一组发言的基础上添加了一些很重要的内容。他们说角斗士大多是奴隶，他们不想打斗，只是他们没有别的选择，因为罗马人太强大，征服了他们的国家。”

让下面的小组继续，如此等等。最后做个总结。我从不“画蛇添足”。我只是简单地说，在这么短的时间内你们就发现了这么多，真让人印象深刻——诸如此类积极的表达。我告诉他们，有许多他们发现的东西是我不知道的。你会发现，在大多数 SOLE 课上都是这样。如果孩子们遗漏了什么，别去填补。为后面的 SOLE 课构建另一个问题，孩子们自然会发现他们在上一次课上遗漏的东西。

不需要每天都上 SOLE 课。有些老师说一个班每周一次就可以了。有些老师说，他们会先用 SOLE 课来开启一个主题的学习，然后再正常授课——其间时常提及学生在 SOLE 课上的发现，比如说："正如你们在 SOLE 课上所发现的那样……"等。还有些老师用 SOLE 课来结束一个话题，以便做更深入的探索。

在一所学校，一位老师在课前通常会向学生描述她的课堂计划。她告诉我，有时孩子们会问："我们为什么不上 SOLE 课呢？"有时他们又会说："你告诉过我们，这会占用很长时间才能搞清楚。"我觉得这样很合理：师生一起决定教学法。

如果老师不在，代课老师或者校长可以打电话给那个缺席的老师，向他要个好问题，然后针对这个问题给学生上一堂 SOLE 课。可以对孩子们这样说："你们看，你们的老师不在，我对这门课也一无所知。不过我这里有他给大家提出的一个问题。"虽然有的科目我根本不了解，也不懂某些语言（如西班牙语），但我利用孩子们的思维和谷歌翻译也能上 SOLE 课。

大部分老师以及一些数据告诉我，好多年后，儿童仍能记住在 SOLE 课上做的每一件事。为什么？那是因为他们自己发现了这一切，并且因此获得了赞扬。

当 SOLE 出了差错

自组织学习环境是非常脆弱的。它往往会因为种种原因而出错。下面是这样的两个例子。

例 1　避免让一个学生单独学习

在英国一所学校，一群 10 岁的孩子正在探索这样一个问题："鱼为什么游得那么快？"

直到展示之前，一切都进展顺利。几个小组谈到了鱼的形体帮助它们在水里轻松滑动，鱼的尾巴既可以向前推进，又可以像舵一样改变方向，而鱼鳍可以保持平衡，等等。这让我刮目相看，心里也很开心。这时，一个小女孩开始激动地说，人类为了使自己游得更快，会将鲨鱼杀死，制成鲨鱼皮泳衣。她看到了"鲨鱼皮泳衣"这个词语，却没有意识到"鲨鱼皮"织物是人造的，与真正的鲨鱼皮和鲨鱼没有关系。其他孩子大为震惊。我虽然也被惊到了，但还是通过总结大家的发言结束了那堂课，并且补充说："假如我们为了鲨鱼皮而宰杀它们，那真是太糟糕了。我们确实应该了解更多信息。"

那么问题出在哪呢？这个女孩没在小组里学习。教室里电脑太多，她一个人使用一台电脑。SOLE 课需要有几台大屏幕电脑，这样孩子们才能在自组织的、动态的小组中一起学习。这一点再怎么强调也不为过。

例 2　分配足够的时间

在新加坡一所学校，老师说孩子们不喜欢英语文学。

在一堂 SOLE 课上我对孩子们谈到了莎士比亚，而他们却扮起鬼脸。

"我觉得莎士比亚说了一些真的很好玩儿的事情，有时候还很顽皮。"我说。

我问他们是否能在 20 分钟内找到莎士比亚笔下好玩儿的文字。

尽管他们开始的时候很不情愿，但很快我就听到女孩们咯咯笑出声来，因为她们发现了一些不雅的调笑。课堂开始热闹起来，男孩子也大笑起来。他们开始四处跑动，查看彼此找到的文字。

20 分钟后，孩子们已经投入搜索中去了，但是我不得不做总结了，因为时间到了。

"谁能告诉我最好玩的文字？"我问道。

“我想与你斗智斗勇，但是我看你没有武器。”一个男孩说。

大家大笑起来，也包括在一旁观看的老师。

“我们喜欢他的写作风格。”一些孩子说。这让他们的英语老师感到惊讶。

但是并非一切都进展顺利。回到旅馆房间之后，我发现莎士比亚根本没有写那句话。

那么错在哪呢？我觉得是我没有设定好时限。每一堂 SOLE 课必须有足够的时间。如果孩子们还在埋头工作，那就意味着 SOLE 课还没有结束。在这种情况下，20 分钟就显得太短了。那些小组没有时间进行自我纠正，结果得出了错误的结论。

如果出现这样的差错，你可以在下一次 SOLE 课上纠正。由你来指出孩子们犯了错，这一点儿用都没有，孩子们必须自己发现错误并纠正。这样做只会给他们留下不好的记忆。这不是学校的目的。

你可以提出其他问题，帮助孩子意识到自己的错误。在科学研究中，没有人为我们“指出”错误，我们只能以上述方式发现错误。

云端学校就像互联网太空中的一艘宇宙飞船，由儿童掌舵。教师在飞船上只是他们的朋友，而不是他们的向导，因为教师常常不知道儿童要去哪里。老师常常问我他们在自组织学习环境中的作用是什么，我只能用一句话来概括：

“你去哪里，我去哪里。”

第三部分

未来学习之管窥

第 11 章
我们从云端学校学到了什么

我们能在多大程度上依赖研究

你会先做研究，创立一个理论，然后再创建一个新的模型吗？我觉得你可以，但是你也许会以“寻找问题的解决方案”告终。

如果你碰到了一个问题，那么你应该去解决，对此没有人会提出异议。

很久以前有这样一个问题：如何将煤从煤矿中运送到地面。乔治·斯蒂芬森通过改良当时已经用于煤矿的蒸汽机和蒸汽机车解决了这个问题。开始的时候，斯蒂芬森的机器很庞大，架在煤矿顶端，靠拉动绳子使运煤车顺着轨道向上移动。随后他缩小了发动机，将其安装在一辆运煤车上。这样，整个装置（包括煤和发动机）就可以沿着轨道自行移动了。无人理解其工作原理，但是煤就这样沿着斜坡被运了上来。他第一次演示时，人们说：“它永远也不会启动。”后来，当他的“火箭号”开始轰隆向前时，人们又说：“这机器永远不会停下来。”于是，科学家开始疯狂地研究蒸汽机的原理。物理学的一个新分支——“热力学”被发现了，并开始改变我们对整个宇宙的看法！

斯蒂芬森先是解决了这个问题，而研究是后来才进行的。

假如你在烹饪时发明了一道新菜，味道很好，那么你应该将菜谱公布出来。这样人们就会告诉你为什么这个菜谱不管用，为什么在你四处宣扬这个菜谱之前，应该先测量好不同佐料的“控制量”。这样看来，要想证明布丁是否好吃，光靠尝一尝是不够的。社会科学恐怕与此有点儿类似。

在一篇题为《论“给我看看研究结果”这一思维方式存在的问题》（The Problem With “Show Me the Research” Thinking）的文章中，里克·瓦密丽（Rick Wormeli，2018）引述了瓦尔特·加德纳（Walt Gardner）的一段话：

> 调查人员会仔细推敲他人先前收集的数据，在不同的变量之间寻找相关性……问题是，这种观察式研究易受偏见的影响，导致有时得出的结果是不可靠的。如果研究结果无法被其他人复制，结论就失去了信度。

瓦密丽得出结论：“虽然我们的每一次研究可能都因缺乏工具而得不到正确的结论，但我们在关注他人的研究时，也在贡献自己的研究成果。随着我们专业水平的提高，再结合当时的情景，我们能做出最认真负责的决定。这对我们大多数人来说，就足够了。”这篇文章的全文见 链接 11.1。

在《可见的学习：最大限度地促进学习》（*Visible Learning for Teachers: Maximizing Impact on Learning*）一书中，约翰·哈蒂（John Hattie）认为，教师的集体效能（Collective Teacher Efficacy，简称CTE）是影响学生学习成就的第一大因素。什么是CTE？它是教师共同的信念，即通过集体行动，他们可以对学生的学习成果产生积极的影响。如果教师相信一种方法，他们就能够让这个方法生效。CTE能够在研究结论得出之前就解决问题。教师团队之间可以复制彼此的结果。他们正在从事良好的科学研究，即便他们并不这样想。

本书引用的研究，都是经过同行评议，获过奖，在世界最好的刊物上发表过的。本书也包含一些基于小样本，在一些不著名的刊物上发表过的研究。此外，还有来自世界各地教师和孩子们讲述的故事，以及一些没有发表的研究，我也不想对你们隐瞒。最后，要想证明我的“布丁”是否好吃，你们只有尝了才知道。我希望你不介意。

我们从云端学校学到了什么

自 1999 年以来，墙洞实验、SOLE 项目以及云端学校给我们提供了丰富的数据、观察故事和争论。在这些激动人心的岁月里，是否存在一个核心主旨呢？在我们的种种经历中，有没有重要的教训值得教育工作者吸取呢？

在经历了一个漫长而炎热的夏天之后，盖茨黑德下了一场雷阵雨。当时我正开始写这一章。雷阵雨过后，空气又安静下来，变得十分新鲜、清透。

利用技术

我们知道，儿童能够自己学会使用设备。在无人监管的小组中，他们甚至学得更快。这就意味着我们不需要浪费时间向他们介绍新技术，让他们自己去搞明白就行了。他们会时不时地弄坏一些东西，将此计入维护成本即可。如果你让他们来教成年人使用新技术，他们会很高兴，而且会更加投入学习。回想一下我们在第 1 章中讨论的内容，想想在没有教师干预的情况下，儿童的数字素养是如何稳步提升的（本书第 22 页图 1.2 在这里同样适用）。

它告诉我们什么呢？对我来说，它显示了这一代人能够利用任何数字技术来解决问题。他们可以计算出问题的解决方案——利用现有的资源，推导出解决方案。他们并不创造解决方案，而是计算出解决方案。计算是新的算术。

阅读理解力

我们知道，儿童来云端学校学习后能提高阅读理解力。我们的数据证明，以小组为单位的儿童在尝试通过互联网自己搞清楚问题的时候，能以更快的速度学会阅读和理解内容。重要的是，“阅读理解力”仅仅是理解内容的一个因素。除了印刷文本，儿童还需要参考其他类型的媒介，包括视觉展示、音频和视频。本书中有关“阅读理解力”的数据应该解读为“多媒体理解力”。所有云端学校获取的一致性数据显示，学生理解力的提高水平要高于我们在标准教学中看到的水平。

下图 11.1 是一张散点图，呈现了四所云端学校（卡拉卡蒂、钱德拉戈纳，卡尔卡基、帕尔坦）学生阅读理解力的得分情况。该图显示出阅读理解力水平的稳步提高。

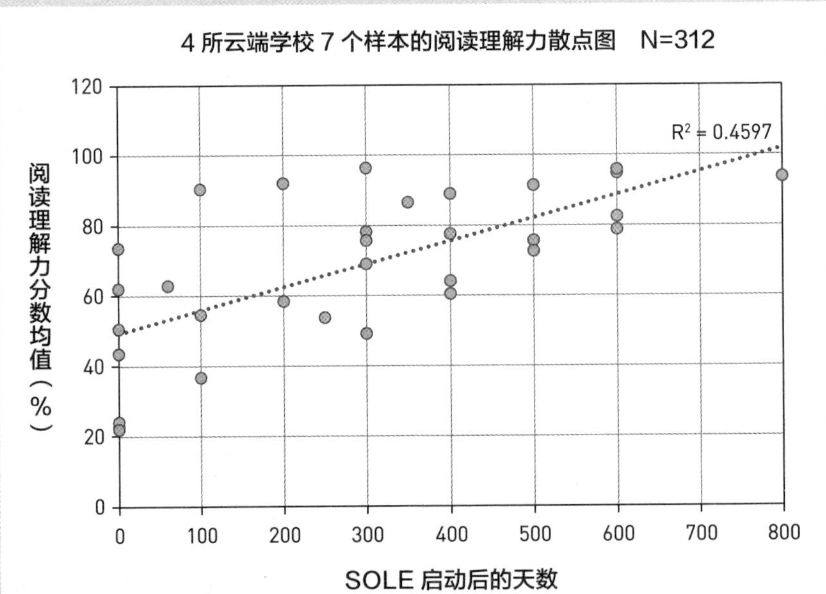

图 11.1 4 所云端学校儿童阅读理解力的提升

从第 7 章对帕尔坦研究的描述中我们得知，阅读理解力的提高超出了我们对同一时期传统教学所能达到的成绩的预期。

帕尔坦也向我们证明，6 岁的儿童已经可以参与云端学校的学习了。他们根本读不好，但他们可以用图片和视频来学习他们想了解的内容。与此同时，他们也开始阅读了。锡德胡瓦尔的更多数据也展现了非常小的孩子是如何在 SOLE 课上学习阅读的。

2018 年，丽图在旁遮普邦农村腹地一个叫锡德胡瓦尔的村庄建立了一所云端学校。在那里，她让 5 岁的孩子也来上课。孩子们几乎不懂英语，也几乎不认识英语和旁遮普语字母。那里的老师在这方面恐怕也好不到哪里去。

在两个月中，丽图测试了他们的阅读理解力，大约每十天测一次。到第二个月末，孩子们开始阅读了，还能讲几个句子（见图 11.2）。

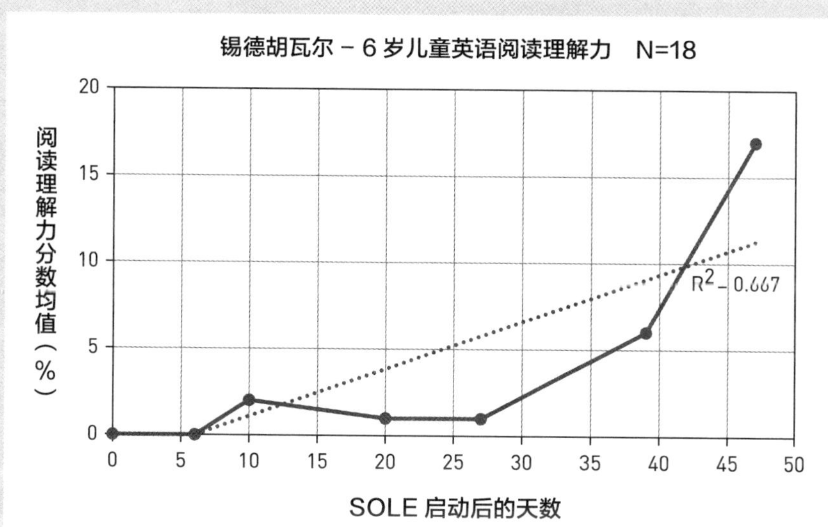

图 11.2 2018 年锡德胡瓦尔 6 岁儿童阅读理解力的提升

我们真的无法从这项小小的实验中得出任何结论——它只不过是一个相当诱人的暗示，但其他数据却更为清晰：儿童在云端学校可以学习更好、更快地阅读。或许 5 岁大的儿童就可以开始云端学校的学习了。

这一代人可以从他们周围海量的数据云中了解世界。理解力是一种新的阅读。

网络搜索技能

我们知道，以小组为单位的儿童更善于网络搜索，且能够发现信息中或他们感知上的错误。如果我们画一张儿童网络搜索技能的散点图，涵盖我们所有云端学校所能收集的数据，我们就能形象地看到这种进步（见图 11.3）。

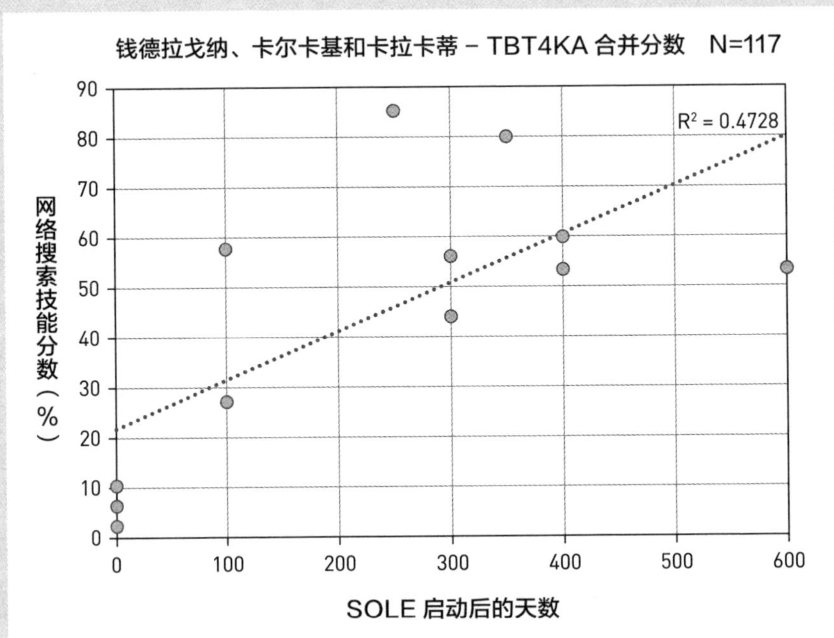

图 11.3 钱德拉戈纳、卡尔卡基和卡拉卡蒂儿童的网络搜索技能

在图 11.3 中，你可以清晰地看到，卡尔卡基女孩的数据（远高于斜线的三个点）遥遥领先于另外两处的数据。不过，在我们开始收集数据时，这些女孩已经上了大约六个月的 SOLE 课了。

为呈现更实际的结果，我采用了苏尼塔在处理帕尔坦数据时的推理。既然卡尔卡基的女孩们已走在钱德拉戈纳和卡拉卡蒂儿童的前面，那么我们应该在六个月之后再来比较钱德拉戈纳和卡拉卡蒂的成绩。一个方法是在卡尔卡基的测量日期上追加六个月（我加了 200 天）。这样，我们就可以在大致相同的时间段比较三个地方的成绩。结果如下页图 11.4 所示。

我们看到图 11.4 中的回归线（这条线与数据非常吻合）大幅度提高。卡尔卡基女孩的成绩预测了另外两所云端学校六个月之后的成绩。

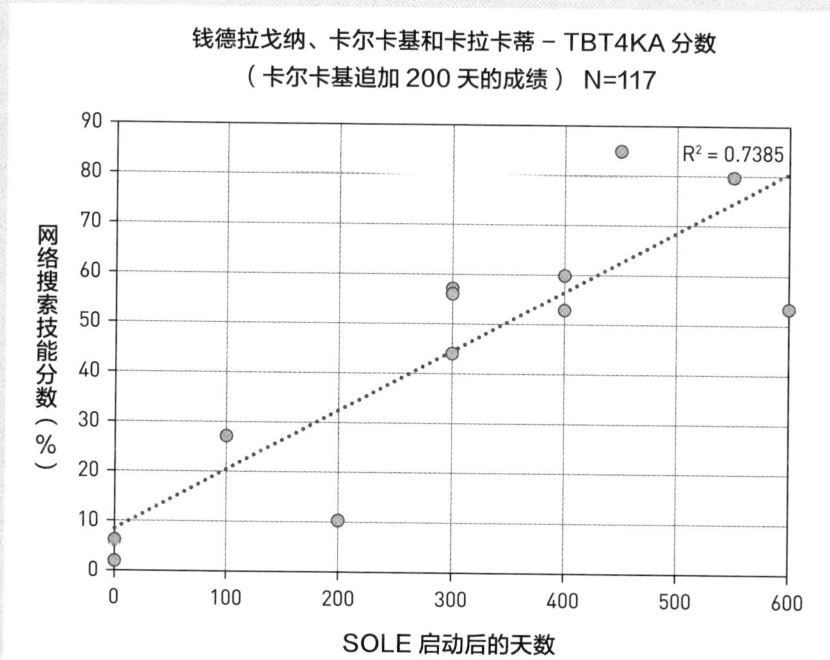

图 11.4 卡尔卡基的成绩调整之后，钱德拉戈纳、卡尔卡基和卡拉卡蒂儿童的网络搜索技能

在差不多六个月内，来云端学校学习的儿童学会了更好地在网上搜索。这一点应该是显而易见的，因为在学校的正常课程中没有在线搜索这门课，小学尤其如此。与传统学校不同，在云端学校，儿童以小组为单位进行研究，相互纠正错误，一起讨论什么样的发现才是真实可靠的。其间儿童学会了与网络沟通，提出正确的问题（用正确的方法），解释和讨论彼此的发现。

交流是一种新的写作。

自信心

当儿童在网上搜索，且对自己取得的成就感到自豪时，他们的自信心自然就会增强。我希望自信心测试能证明这一点。

结果让我吃惊。下图 11.5 告诉我们，分数并没有很大的提高。苏尼塔早预料到了会有这样的结果。开始的时候，孩子们就很自信，在 5 分量表上可以得到 3～4.5 分（5 分表示观察者强烈同意这一表述：“这名儿童很自信”）。自信心分数在测量期间一直很高，既没有明显的增长，也没有明显的下降。需要指出的是，这里所说的自信心指的是网络访问和网络研究的信心。如果我们测试的是梵文或拉丁文诗歌朗诵，就不会看到同样的自信。

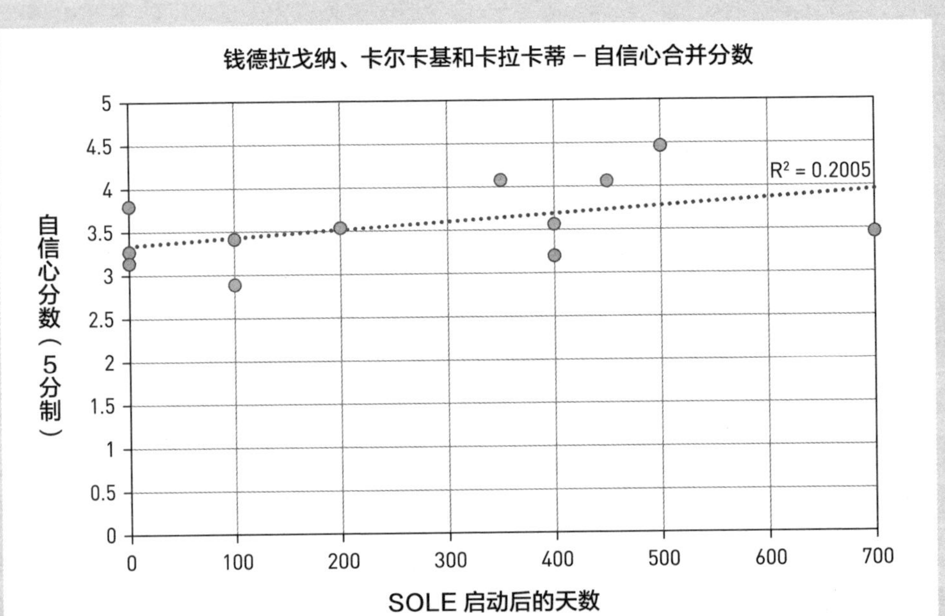

图 11.5　钱德拉戈纳、卡尔卡基、卡拉卡蒂儿童的自信心分数

这一代人对数字技能很自信。儿童并不惧怕现代技术，只需要让他们接触现代技术即可。1999 年墙洞实验的结果像风向标一样指出了这一点。

这可真是一个充满希望的伟大宣言！

墙洞实验和云端学校最终向我们证明，在儿童生于斯、长于斯的时代，他们需要的技能发生了根本性的改变。

从阅读、写作和算术，到理解、沟通和运算，转变已然出现。

第 12 章

没有教学法是否就是好教学法：最低限度侵入式教育

我没有什么正式的教育专业背景。我在大学学的是物理学，并获得了有机半导体理论物理学的博士学位。但是请别将这本书扔到垃圾箱里（对我的美国朋友来说它就是垃圾）。

我投身教育有几个原因。20 世纪 70 年代，我开始为一本名叫《目标》（*Target*）的儿童杂志写文章，因为我需要钱。我写的是科学界的最新发现。杂志编辑罗莎琳德·威尔逊（Rosalind Wilson）觉得我写得不错，且懂得儿童是如何学习的。我受到了鼓舞，开始为儿童写诗歌。我希望这样的诗歌能够让他们提出问题，并寻找答案。我从来没有发表过任何一首诗歌，因为罗莎琳德去世了。我大为悲伤，因此不再写作。下面是令我和罗莎琳德捧腹的最后一首诗。

在我们去德拉敦的路上，
我们终于穿越了平原。
当我们进入西瓦利克山脉时，
我们走入了过去。
如果棕色和绿色的山脉，
从汽车上看上去有些可怕……
记住这是
腊玛古猿的家。

［腊玛古猿旁遮普种现在被认为是西瓦古猿，在 1400 万年前就

漫步于喜马拉雅山脉的西瓦利克山区了。德拉敦（Dehradoon），现在拼写成 Dehradun，位于喜马拉雅山脚下，是印度北阿坎德邦的首府。]

十几年后，到了 1999 年，墙洞项目将我稳稳地拉回儿童教育领域。

教育

大家好像都知道教育是怎么一回事，但似乎谁都无法将其表述清楚。难道教育这么抽象，以至于无法用言语表达？

我想搞清楚究竟什么是教育。阅读没法帮我什么忙，那么就让我们从头（从第一性原理）开始吧。物理学是可以这样做的。那么我们就启程吧，希望亚里士多德、泰戈尔和皮亚杰会与我们同行。

新生儿没有受过教育，除非他们生来自带“教育”的基因。有研究说，记忆以及过去的学习会留在基因里，但是目前还没有足够的数据可以让我们就此信息来开展研究。相反，我们说婴儿是有本能的，或许是很久以前就植入基因的一些程序，比如呼吸、发声。

婴儿的行为并不是建立在对过去的记忆或对将来的期待之上的。婴儿呼吸并非因为他之前呼吸过，也不是因为将来还要呼吸。他是在“此刻”呼吸。婴儿哭闹并非因为他之前哭闹过，也并非他期待哭闹的结果。他只是在“此刻”哭闹。

事情就是这样发生的。婴儿呼吸时感到舒服，要比他不呼吸时舒服得多。于是，他现在呼吸的时候就带着之前呼吸的记忆，且期待更舒服的感觉。当他哭闹的时候，一些事情发生了，比如有时食物会送到嘴边，有时会有安慰的话语传来。于是，他现在哭闹的时候就带着过去心满意足的记忆，期待着愉快事情的发生。

婴儿在伸胳膊蹬腿时，会看到自己的胳膊和大腿时隐时现。这完全可以预测。他重复自己的动作，参照过去的动作来核验预测的动作是否准确。他一次又一次这样核验着。

教育就这样开始了。

思绪似乎将我们导向这样一个观点：教育将人类行为从即时的、情境的，转变成更加“可靠的”。每一个行动都要考虑过去的记忆和未来的期待。运用这个观点，我们不难看到，教育的过程应该：

1. 完善过去的知识，了解如何运用这些知识。
2. 提高预测未来的能力。

难道这就是教育的全部吗？这好像有点儿简单化了，但有时自然更喜欢简单的选项。举几个例子可能会有帮助。让我们继续从头思考。

1. 你正在访问一个你从没去过的国家。公共汽车上有一位老妇人朝你微笑，要你让出座位。你应该让位吗？你应该拒绝吗？你应该问问周围的人该怎么做吗？为什么她要你这么做？你让了会发生什么？不让的话又会发生什么？要回答这些问题，你需要对这个国家的过去有所了解，也需要对这个国家的人及文化有所了解。这些知识能帮助你搞清楚将来可能出现的结果。
2. 你想建一所学校，也找到了一个很棒的建筑，但你没有足够的资金直接买下。一个慈善信托基金会可以资助你的项目，条件是获得股份。你也可以从银行获得抵押贷款。你该怎么办？为了做出决定，你需要了解这家慈善信托基金会的历史以及这个国家的信贷情况。你也需要了解“学校股份”对你的项目会有什么影响。了解主动提出帮忙的人的历史和背景，对你是有帮助的。至于银行贷款，你要了解利率及其在这个国家的历史、国民经济的趋势、这家银行过去的信誉，等等。所有这一切都会帮你搞清楚你的决定可能引发的结果。
3. 你要更换卫生间电热水器的开关。开关安装在天花板上，是用一根绳子来拉动的。你该怎么办？你需要自己换吗？你附近的大多数人在这种情形下会怎么做？电工可靠吗？如果只能自己做，那么去哪里买开关？火线、零线和地线分别是什么颜色？需要切断电源吗？如果你思考这个问题，那么所有问题的答案都存在于你过去的知识里，包括当地电工的可靠性以及电的原理。你需要利用这样的信息来搞清楚你的决定会引发怎样的结果。

4. 你的同事说感觉不舒服。你该怎么办？你的决定取决于你对你同事的习惯、健康状况、年龄等的了解，因为这能帮助你弄清楚不舒服可能会导致的后果。精确认识过去以及想象未来的能力，对你的行动至关重要。

你可以做出类似的假设，而且我认为，在每一种情况下，你都需要过去积累的知识，以及整合这些知识用于未来决策的能力。

如果这就是所谓的教育，那么学校应该据此来设计。情况确实是这样。如果你看看任何一所学校的课程，你就会注意到，它试图将一切东西都介绍给你，以备你不时之需。正如我们在前面的章节中所看到的那样，这个方法不切实际，不再有用了。在当今世界（或未来世界），你需要在特定时间按特定需求解决问题。思考一下上面的四个例子。在每一个例子中，能够在网上探索这些问题，对于做出可靠而明智的决定是极有帮助的。

教育与认知

如果我们允许一名儿童在成长过程中不接受任何正规教育的话，他仍然能从自己的经验和环境中不断学习。那么，教育的过程是否旨在“拓展”我们过去的知识，并利用这些知识更好地预估将来？这样的话，我们就可以将教育的过程描述为“任何提高大脑认知能力的过程”。

> 教育是完善行动能力的过程，它结合了对过去知识的利用，并指向一个或多个想象中的未来。

如果再加上一点，即认知能力是以对过去的了解和对未来的展望为基础的，那么我们可以这样来定义教育：教育是完善行动能力的过程，它结合了对过去知识的利用，并指向一个或多个想象中的未来。

有时，过去的经验对你行动的影响比未来的期望对你的影响更大，有时两者的影响不相上下。比如，你端着酒杯在酒吧里被推来搡去，你虽然有些摇摇晃晃，但杯中的酒却一滴也没有洒出来。在这一瞬间，你的大脑利用了（通过学校教育或是别的途径学到的）流体动力学和重力学知识。它预测到了酒洒出来会产生的（经济和社会）后果。事实上，你的大脑确实做到了这些。

而有时，对未来的期待则会超越过去的经验，比如购买一家制造无人驾驶汽车的公司的股份，尽管它的业绩很差。

为了教育孩子，我们需要他们理解和利用过去，同时也要让他们看到并利用所期待的将来。

利用过去

学校的课程大多与过去相关，是我们人类已知的一切。我们将所有知识分成一门门科目，将信息灌输到儿童的头脑里。一位印度教师曾经将这个方法描述成“水壶-杯子”模式——儿童的头脑是个空杯子，教师从一个满满的水壶中往里面灌知识。这么做是可行的。我的杯子就是这样被装满的。

但是，如果将一壶壶的知识替换为一个宽阔的湖泊，儿童能自己将杯子装满吗？

这个“水壶-杯子”模式存在于没有湖泊的时代。现在，这个湖泊出现了，只要连着网络，每个人都可以从中取水。如果你无法深入，你的朋友们会帮你。

朱莉·斯特恩在她的《中学概念理解教学工具：为深度学习设计课程与评估》（*Tools for Teaching Conceptual Understanding, Secondary: Designing Lessons and Assessment for Deep Learning*）一书中做了一个同样的类比：

> 在传统的学习模式中，学生是很被动的，只是等着教师指出需要

“收集”到罐子里的事实和想法。这类学习的目标是让学生在期末（或考试那一天）记住所有事实。这时，他们将收集到的想法倾倒出来，以证明他们已经记住了。这种学习不要求学生形成自己的观点，或构建自己的意义。相反，学生的大脑被看作空罐子，等待着用他人的想法填满。(Stern, Ferraro, & Mohnkern, 2017, p.35)

让我们来举几个例子。

如果一个小钢球从 10 厘米高的地方落到你的手背上，它造成的伤害要比一个橡胶球从一米高的地方落下来小。但是如果同一个钢球从一米高的地方落下，它造成的伤害则要比橡胶球大得多。其物理学解释已经有 300 多年的历史了。知道这个知识是有用的。你可以利用它来决定从多高的地方向某人扔什么东西。

为了验证你是否知道这个事实，这样一个问题是比较理想的：“如果同样大小的钢球和橡胶球分别从一个很高的地方落到你手上，那么钢球造成的伤害要更大。为什么？”

不幸的是，这个问题在大多数考试中可能会变成：“一个质量为 200 克的钢球从一米高的地方落下，会以什么样的速度冲击地面？”

如果你知道怎么提问，你的手机能很容易地算出答案。能够计算出速度，并不比知道为什么速度取决于球落下的高度更重要。为什么速度越大，冲击力也越大？这样的问题人们通常是不问的。

这里还有一个例子。

人们在印度河流域文明的考古现场发现了一尊雕像（见下页图 12.1）。那片废墟曾是世界上最早的城市之一，这座城市叫摩亨佐－达罗（Mohejo-Daro）。这尊雕像是大约 5000 年前制成的，是一个摆着舞姿、自信满满的年轻女子。制作雕像的人是谁，他们为什么要制作这个雕像呢？

要回答这个问题，需要历史知识，如什么是艺术，社会为什么要投资艺术，金钱和时间与艺术有什么关系，甚至可以是：一个富裕社会是什么样的。回答这个问题能帮助你理解当代艺术，以及艺术在将来的发展。

大多数考试都不会问这样的问题。相反，它们会问你雕像制作的年代、发现的时间，以及发现者的姓名。这样的考试枯燥乏味，很大程度上都是关于事实的。

图 12.1 摩亨佐-达罗的跳舞姑娘

评估

在 视频 12.1 中，我对考试的价值做了思考。

考事实性问题，是为了让打分变得容易、一致，可以流水线作业。如果有数百万学生参加考试，那么就需要成千上万的考官来给答案判分。如果问题有且只有一种正确答案，你就可以统一评分。但是，如果问题有多种正确答案，你就需要根据质量来打分，那么学生的评估分数就会因考官的不同而变化。如果我们想要有一个公平、公正且明确（容易）的评分体系，这个不一致就会引发问题。

在生活中，我们利用互联网来寻找信息。如果我们允许孩子在考试期间使用网络，会发生什么事呢？在一次大会上，我提出了这个建议，一位老师用惊恐的声音说："他们就什么都能答出来了！"

我认为，在考试中允许使用互联网将会改变整个教育制度。如果有政府不得不做出一个简单的决定——考试期间允许使用互联网，这个决定就会改变课程大纲的制定方式、教师的教学方法，以及评估的构建方式。但是有谁会这么做吗？

这个问题过去常常让我感到很困惑，但现在不会了，因为我知道这即将发生。技术发展很快，如果不关闭卫星或通过手术移除植入体内的装置，我们很快将无法将互联网挡在教室门外。互联网将进入考场，而一旦进入，它将摧毁现有的教育制度。

20 世纪 90 年代，我为印度杂志《数据探索》（*Dataquest*）写过一篇题为《大声思考》（Thinking Aloud）的文章。文章讨论了一个骨传导装置，它可以处理来自颌骨的“无声”语音。换言之，这个装置可以通过电极探测默读信号，使他人“听到”你在大脑中说的话。我原以为它在 2003 年就会出现，但它到 2018 年才出现。

2018 年，来自麻省理工学院媒体实验室的研究者展示了一个装置，它能够对无声语音做出反应，让使用者在他人一无所知的情况下进行在线搜索，并将回答反馈到使用者的耳朵里（Hardesty，2018）。详见视频 12.2。

任何使用这个装置的人都可以说自己是无所不知的，至少在“内容”上而不是“技能”上是这样。作为回应，许多国家的教育工作者和政策制定者正努力在整个课程中用探究式学习和基于技能的学习来替代“知道内容”的教育模式。

即便如此，仍然存在还没有人知道答案的问题。互联网也不知道。这将是未来的考题。我常常想象这样一个世界：在将来的考试中，你必须根据自己在网上找到的哪怕一丁点儿信息，形成自己的看法。

我们一直有定性评估，如乐器演奏、舞蹈、文章写作。我们有办法进行这样的评估。在学校的考试和国家级考试中，我们需要这样的方法。这么做很昂贵，但别无选择。

或许一篇博士论文的最终评估最能说明问题，因为每个评审者的评估结果各不相同。博士是大学所能授予的最高学位。尽管其他学位的获得多依赖于有“正确”答案的考试，但博士学位考试却不是这样，因为它有点儿像 SOLE。

博士生的研究课题通常由导师给出，或由自己设计。谁也不知道答案——这就是它成为研究课题的原因。学生必须找到答案。他需要在导师的指导下自己探索未知领域，最后将答案写进一篇论文，并接受最终评估。于是，教育体系的顶端就有了 SOLE。

博士论文考试被称作答辩。学生展示自己的论文，评审者（通常是两位）提问。在一些大学，比如德里的印度理工学院，谁都可以出席这个考试，并对答辩者的研究提出挑战。答辩者必须应对这些问题，尽最大可能为自己辩护。大约一个小时后，两位评审者私下商议，决定是否应该授予该生博士学位。

我们可以使用这样的方法测试成千上万的儿童吗？如果每一个答案都由至少三名考官独立评分，而且评分标准是一致的，那么这样的考试当然是有可能的，只不过会昂贵而低效。我认为利用人工智能开发一个多元评估系统，会成为评估儿童的最终方法。

有些国家在考虑彻底废除考试。这种做法实际上是不切实际的。如果 1 万名儿童都想上大学，但是只有 5000 个名额，我们就需要找到一个有效的筛选方法。如果有 200 人申请 20 份工作，我们就需要一个类似的筛选体系。

有些国家采用时间跨度很长的“档案袋”评价方法。这个方法不是通过一次考试来评估，而是让学生将自己在一段时间（比如一年）内的学习情况记录在档案袋里，最终对该档案袋做评估。这显然是个更好的方法，但是也很昂贵、主观、耗时。

有些学校还尝试采用同行评议的方法。这就意味着每一位学习者都要对他人进行评估。我不确定这样的评估有多精确，但还是有希望的。我也试验过一个我觉得很有趣的方法。它类似于拼图法，约翰·哈蒂对此曾给出了 1.20 的效应量（Corwin，2018），相当于学生在一年之内学了三年的东西。

几年来，我不断尝试。

一种不同类型的考试

1. 我让大约 24 名学习者就他们正在学习的内容每人写一个问题。提问题者应十分清楚自己在答案中想要寻找的信息。换句话说，提问者能够为所提问题精确打分。
2. 这些学习者提交了问题后，我会去掉重复的问题，此时通常会剩下大约 20 个问题。这就是“试卷”。

3. 我将这套包括 20 个问题的试卷发给这些学生。
4. 我要求他们回答所有问题，自己提的问题除外。他们需要将每个问题的答案写在单独的一张纸上，并在纸的顶端标明自己的姓名以及问题的编号。“考试”结束时，每位学习者都会有 19 张纸，上面写着同伴所提问题的答案。
5. 评估：将答题纸分发给相关的提问者。这样，1 号问题的作者就从同伴那里收到了 23 份答案，以此类推。
6. 每一个学习者现在开始对同伴的答案评分。
7. 整个过程结束后，将所有答题纸按姓名分类，这样就把每一个学习者对 19 个问题的回答归在了一起。这些就是“答案册”。
8. 每一个学习者将自己答案册中的得分加起来，就得到了他的总分。
9. 在此之前我一直坐在那，也不用做什么事，现在只需将成绩收集起来即可。我没做多少工作，一场考试就这样创建、实施，并打好了成绩。

这个练习我做了三年的时间。其间每一个学习者的每一次成绩都与“正式”考试的成绩密切关联。但是，数据很有限，所以我没有将它发表出来。

如果我的发现是正确的，那么这是评估一组学习者最容易的方法。你也可以试试。很有趣。

在《培养有评估能力的可见学习者》（*Developing Assessment-Capable Visible Learners*）一书中，南希·弗雷、约翰·哈蒂和道格拉斯·费希尔（Nancy Frey，John Hattie，& Douglas Fisher，2018）描述了那些懂得如何学习的儿童具备的典型特征：

- 我知道自己要去哪里。
- 我拥有学习过程中需要的工具。
- 我能监督自己的进展。
- 我知道自己何时进行下一步。

- 我知道下一步做什么。

这样的特征完美地描述了我在云端学校里所看到的。

儿童从老师和课本那里了解过去。他们了解世界上已发生的事情，了解艺术、科学、工程——了解过去的一切。这一教育体系希望他们在毕业时，能够品尝到老师所知道和理解的一切，并将它们整齐地藏入脑中，以备不时之需。

可是，很少有人去讨论未来。

课程

在设计传统的课程时，我们要考虑已知的一切，选择那些与学校和儿童有关系的内容，以便他们为生活做好准备。当然，随着时间的推移，我们知道的事情越来越多，因此课程也变得越来越多。我们将尽可能多的内容塞进学校的课程。我们也会删掉一些内容，但很缓慢，且小心翼翼。我们怎么才能摆脱不断增加的课程呢？

我们也许可以列出那些我们还不知道的大事——我们这个时代的“大问题”。但愿这张单子会变得越来越短，而不会像已知清单那样越来越长。

在研究一个大问题的过程中，就像我们在 SOLE 课上提出的那种问题，儿童自然会接触到我们已知的事情。比如，如果我们跟儿童说三体问题，问他们这个问题为何还没有得到解决，他们就会发现我们可以解答的与之相关的问题，比如引力、电磁力等。也许由问题而非答案构成的课程会让学校变得更有趣味。在探索大的未知之事时，就像那些博士生做的那样，儿童会遇到我们已知之事。这个时候，他们的发现可以分为以下三类：

1. 那些能帮助他们生活，对他们的未来有用的东西。
2. 那些他们永远也不会用到，但是确实很有趣，也很美好的东西。

3. 那些他们永远也不会去用，很乏味，但是很可能考试要考的东西。

第一类内容很重要，学校必须确保儿童很好地了解并记住它们。第二类内容可以让生活变得有价值，学校必须确保儿童能接触并欣赏它们。第三类内容不值得去了解，除非考试会考。

基于第一和第二类知识的课程大大有助于培养冷静理智的问题解决者，使他们能够应对未来的任何挑战。

第 13 章 云端学校现今在哪里

不确定的未来

你在本书中读到的所有项目和实验的现状让我倍感失望和失败，使我意识到自己许多错误的想法。这些项目也给我带来了无穷的希望和成就感，使我对自己和同事们取得的成绩心怀感恩。本章为我提供了反思这一切的机会。

墙洞实验怎么样了？

它让我们看到了学习和自发秩序的未来。大部分最早的实验基地都已经不复存在，但有一些还在，甚至更引人入胜。

最早的墙洞——那个开在 NIIT 围墙上的第一个洞，被德里政府拆了，现在那里新建了一个停车场。当人们将墙上的那台电脑拆下来的时候，一个曾经用过这台电脑的男孩——名叫拉金德（Rajinder）——说："我该怎样才能成为一名工程师呢？"对我来说，他就是自组织学习领域的尼尔·阿姆斯特朗（Neil Armstrong）[1]。他现在 26 岁，在附近经营一个茶摊。他上不起大学，但是当人们的电话出了问题时，都来找拉金德帮忙。

NIIT 接着创建了一个基金，把墙洞项目当作一个称为 HiWEL（墙洞教育有限公司）的实体吸收进来。我的老同事潘能多·霍塔（Purnendu Hota）是负责人。他把我当作导师，我希望自己担得起这个

[1] 美国宇航员、试飞员、海军飞行员，也是第一个踏上月球的宇航员。——译者注

称谓。他的组织继续在一些边远地区或不发达地区安置墙上电脑。下面是他的报告：

> 自成立以来，我们已设立了 1100 个学习站。每一个学习站通常包括两个用户窗口，即一个学习站 = 两个用户窗口。我们不跟踪儿童的出勤记录，因此我们使用下面的方法估测来这里学习的儿童的数量。
>
> 1. 我们知道，在我们建立学习站的每个社区或学校有平均 500 名儿童。这是个保守的估计，因为在有些地方，可能有 1000～1500 名儿童。
>
> 2. 据我们观察，每个用户窗口在一年内可以满足一半儿童的需求，学习站在一年内可以满足所有儿童的需求，也就是说，每个学习站一年中大约有 500 名儿童来学习。
>
> 3. 通常项目的周期是四年，之后我们将学习站交给社区或学校。这样我们可以计算出每个学习站在四年中有 2000 名儿童来学习（非常保守的估计）。
>
> 4. 总的影响，或者说触及的人数为：1100 个学习站 ×2000 名儿童 = 220 万名儿童，即 220 万～250 万名儿童。

250 万名儿童！潘能多的叙述听起来那么轻描淡写。

其他人也在安装墙上电脑。我最熟悉的是“你好中心”（Hello Hubs），它是由我的朋友凯特琳·麦克米兰（Katrin McMillan）所领导的机构建立的。其设计已经演化成一个高科技套件，任何人在任何地方都可以建立。点击 链接 13.1 可以了解这个网站。

有时候人们会问我那些在 1999 年接触了墙上电脑的儿童现在怎样了。我没有办法追踪成千上万参加过实验的儿童，无法全面作答，但我确实知道一些故事。其中最好的故事有：

- 印度一个来自谢尔盖恩村的孩子得到了美国耶鲁大学的奖学金，并获得了进化生物学的博士学位。
- 海德拉巴平民区学校的一个孩子读了马来西亚一所大学，成了一名医生。

- 马哈拉施特拉邦的一个小女孩现在是一名电脑工程师，目前为一家新成立的企业工作。

他们都说他们的动力来自墙洞实验。

但是令人愉悦的故事并不能创立方法，所以我就此打住。有时候我总会感到，尽管我没有墙洞实验长期影响的数据，但任何一个故事都证明了我们所做的一切都是值得的。你们来决定吧。

云端学校怎么样了

0号区域。戈查兰的云端学校出勤率低，现在已变得无精打采、空空荡荡了。资助在2018年10月31日结束了。但是德布将成为一名工程师。他的成功说明我们在戈查兰项目上投入的时间和资金都是值得的。

1号区域。卡拉卡蒂的云端学校形势大好。来的儿童很多。SOLE以及奶奶云课确保了儿童的阅读理解力与网络搜索技能得到快速提高。它永远改变了米隆（Milon）的生活。但是卡拉卡蒂无法自筹资金。如果说有什么地方需要紧急援助的话，那么就是这里。

2号区域。钱德拉戈纳的云端学校正跌跌撞撞进入常态，至少他们是这么说的。有人能将它变成一个可以自给自足的企业吗？在这么一个复杂的地方，只有时间才能给出答案。如果有一天皮亚成了一名警官，我希望她能有所作为。

3号区域。卡尔卡基的云端学校已荡然无存了，但是它仍然活在像乔亚、蒂帕这样的女孩心里。她们和朋友们以及她们的孩子将永远不会再当用人。她们代表了卡尔卡基的成功。

4号、5号、6号区域。在帕尔坦、基林沃斯、牛顿艾克利夫和达斯加拉的云端学校运转良好。它们成了常规学校不可或缺的一部分。它们将学习的未来变成现实，并帮助我们在世界各地建立云端学校。

我可以心平气和地说，这7所云端学校像宇宙飞船一样，已经完成了它们的使命。但是我永远也不会这样说。那些宇宙飞船仍在飞行，一些存在于现实世界，另一些则存在于那些驾驶它们的儿童的心里。我将听从他们的指示。

遍布全球的云端学校

从马沙姆到上海

马沙姆（Masham）是英国一个漂亮的集镇，离北阿勒尔顿（Northallerton）镇很近。马沙姆有一所小学，几乎是从童话里走出来的学校。我们在那里上了好几年 SOLE 课，针对两个班，一个是四年级班，一个是六年级班——这两个班的学生有一位很有幽默感的老师。

学校的两位老师和校长到印度参加奶奶云会议。他们坐着“散骨车”来到卡拉卡蒂，从此彻底变了样（好的方向）。

其中一位老师堪称 SOLE 冠军，我希望她现在仍然是。

我和她说了有关在 SOLE 的运作模式下，用 GCSE-A 级试题检测四年级和六年级学生的实验。两位老师都做了尝试，且获得了同样的结果。自此她们无论走到哪里都会谈论这件事情，其中一位老师更将自己态度的转变归功于 SOLE。

2017 年，其中一位老师受邀到上海一所国际学校工作。她搬到了上海，第一件事就是邀请我去她的学校。当时我正在加尔各答，所以去那里很方便。我在那里上了几堂 SOLE 课。不到一年，她就升任校长助理，并获得了在其他三所分校创建云端学校的资金。我参加了这几所云端学校的落成典礼。

至于我，我感到自己有点儿像查纳基亚（Chanakya）[1]。如有必要，

---

[1] 又称考提利耶（Kautilya），古代印度教师、哲学家、经济学家、法学家和皇家顾问，印度政治学和经济学领域的先驱，著有《政事论》（*Arthashastra*）。——译者注

图 13.1 中国苏州一所设施完备的云端学校

你不妨查一查这个人。

印度果阿邦

印度的 SOLE 从来不乏挑战。印度的教育制度带有浓厚的维多利亚时代的烙印，还停留在 19 世纪。这样的教育注重纪律、熟记，一本正经，不苟言笑。

因此在 2015 年 11 月读到这封邮件时，我真的非常兴奋。

> 亲爱的苏伽特：
>
> 非常感谢你所做的杰出工作——我一直在探索和享受着。
>
> 去年我在南果阿县（South Goa）办了一所小学，现在准备于 2016 年 9 月在北果阿县（North Goa）办一所中学。
>
> 我打算将它办成一所“谷歌绿色学校”，由塑造下一代的两股最重要力量——技术与环境驱动。我试图将它打造成一个

样板，展示互联网和电脑是如何积极推进教育范式的发展，使之从当前缺乏想象力和真实目标的状态中提升的。

我很乐意将它作为你们 SOLE 实验的一部分，我们可以从第一天起就按照你们的模式来建校。

显然，我也担心如何协调这些想法与家长的需求，比如他们的孩子需要通过考试，但是我正在寻找的是通往大学和高等教育的“非传统之路”——它确实存在。

祝好！

希尔帕·梅赫塔（Shilpa Mehta）

2015 年 11 月

后来证明希尔帕是一位能力非凡的女性。在几个月内，她就在果阿租了一座大宅，创建了她的学校，命名为“天堂学校”（Paradise School）。

2016 年，我去参观了这所学校，她取得的成就令我惊叹。

这所学校的驱动理念是 SOLE。在学校启动的那一天，我在那里上了第一堂 SOLE 课。我的问题是：“手机是怎么定位的？”SOLE 课上通常会有的嗡嗡声出现了，我们听到了 12 岁孩子不常说的话，如“卫星”“三角形”“为什么‘三’反复出现”等。我在等待一个词的出现。大约 30 分钟后这个词终于出现了。只听一个声音说：“三角学。”我知道自发秩序出现了。

希尔帕将 SOLE 课引入了印度的主流教育。她的学校正迅速成为果阿地区最大，也最受欢迎的学校之一。

英属马恩岛

马恩岛上有一所优美的学校，名叫威勒斯顿（Willaston），校长罗斯·伯顿（Rose Burton）是一个做事非常高效的人。一天，我收到了该校老师海伦·莫耶（Helen Moyer）的一封邮件。

早上好。

我正在读你的《墙洞之外》这本书。我想知道你在最近有没有什么培训课程？如果有的话，可否通知我呢？

我也非常渴望为孩子和成人更深入地观摩 SOLE 课。如果你能推荐一些可以拜访的地方，我会非常高兴。

谢谢你抽时间读这封邮件。

祝好！

海伦·莫耶

一有机会我便乘飞机去了马恩岛。在那之后，我在威勒斯顿上了几次 SOLE 课。在一堂课上，我尝试了一个不同以往的问题——它与学科并不相关。

“假设你现在 9 岁，与 65 岁的姑姑住在迪拜。你的父亲已外出一年了，他给你寄了 200 英镑，让你带着姑姑去度周末。你能计划的最好假期是什么？”

只见孩子们在屋子里跑来跑去，一会儿看看别的小组在那里做什么，一会儿又大声表示不同意。教室里的嘤嘤嗡嗡声越来越大，简直要震耳欲聋了。

“你们知道一罐可乐在旅店的价格吗？”

“她在跌倒之前能爬多少级台阶？她已经 65 岁啦！”

诸如此类。

这个问题能引导他们进入记账、广告、在线订房、网络垃圾邮件营销、健康、外汇兑换等领域，我想，还涉及许多学校课程的内容。

40 分钟之后，两个惊人的答案出现了。

一个来自男生小组。他们设计了一个为期两天的假期，包括从迪拜到曼彻斯特的机票！还向我们详细展示了计划的可行性。

另一个来自三个女生组成的小组。她们说她们不想将有限的资金浪费在旅途中。“我们不是富人，”她们说，“我们甚至没钱去看看真正的大酒店里面是什么样。”因此，她们安排了这样的假期：在迪拜七星级的阿拉伯塔酒店[1]住两个晚上。

SOLE 课就是由这样一些问题组成的，且它们未必有一个明确的答案。生活就是这样的，不是吗?

在那堂课上还有来自政府的观察员，他们邀请我去给马恩岛上的所有老师上一堂 SOLE 培训课。马恩岛有自己的政府，在教育上可以独立决策。我紧张地接受了邀请，而当几个月后成行时，我发现那是一次令人振奋的经历。

海伦·莫耶不再承担教学任务，转而负责全岛 SOLE 的实施工作。

如果说有人能做到的话，那么非她莫属。

美国纽约市哈勒姆区

纳塔利娅·维加（Natalia Vega）是 2013 年新来的一位云奶奶。她来自哥伦比亚市，后来在纽约定居，负责为纽约市哈勒姆区（Harlem）的黑人儿童和西班牙裔儿童上课。她是一位极其优秀的云奶奶，特别有给孩子上 SOLE 课的天赋。2013 年 7 月，她被纽卡斯尔大学录取为我的一位博士生。她仅用四年时间就完成了博士课程的学习，在她对毕业论文稍做修改之后于 2018 年获得了博士学位。

我从我的讲座酬金中拿出一部分钱，资助纳塔利娅在哈勒姆她任职的学校建了一所云端学校，取名为“约翰·B. 拉斯沃姆 P.S.197M”。她花了不到 5000 美元，这个设计堪称低廉。我出席了 2015 年 10 月 14 日的启动仪式。

我让孩子们出一个问题。“为什么狗要追猫？”他们问。让我惊讶的是，他们开始研究起这个暴行来。他们认为，狗并不想施暴，但是猫认为它们会。于是猫伸出爪子，狗就误会了。接着他们开始描述源于误会的暴力。

[1] 阿拉伯塔酒店（Burj Al Arab）因外形酷似船帆，又称迪拜帆船酒店，以金碧辉煌、奢华无比著称。——译者注

美国俄亥俄州

2014年，杰弗里·麦克莱伦（Jeffrey Mclellan）博士发起了一个倡议，尝试将SOLE引入美国及其他地方。他先从一个名为STARTSOLE的APP起步。他认为，帮助老师在无须经过培训的情况下就能上SOLE课是推广SOLE的关键一步。我没有想到这一点。当我问起后来进展如何时，他实事求是地写道：

> 四年后，这个工具的推出及其在教育者中的应用成果让人印象深刻。我们有证据表明，在尽可能减少对教育者或学校的先期培训或降低成本的情况下，STARTSOLE的设计可以帮助教育者无缝对接探究式学习。2014—2018年间，STARSOLE建立了一个来自90个国家、2500多所学校、超过1万名教育者的基地（主要是从幼儿园到十二年级）。STARTSOLE已触及40万名从幼儿园到十二年级的学生。作为STARTSOLE试运行的一部分，一个数据采集系统被整合到移动应用程序的交付和应用中。STARTSOLE有潜力将以学生为中心的探究式学习引入每一堂课，交到每位教育者手中。

他希望STARTSOLE在2021年能够触及1000万名美国学生。

我要请他吃一顿大餐。

希腊拉里萨市

拉里萨（Larissa）是希腊色萨利大区最大的城市，也是它的首府。著名的勇士阿喀琉斯就诞生并生活在这里（还记得阿喀琉斯之踵[1]

[1] 在希腊神话中，阿喀琉斯是凡人英雄珀琉斯和海洋女神忒提斯的儿子。忒提斯为了让他刀剑不入，在他刚出生时就将其倒提着浸入冥河。但被捏住的脚踵部分却不慎露在水外，在全身留下了唯一一处死穴。后来在特洛伊战争中，阿喀琉斯被毒箭射中脚踵而丧命。现引申为致命的弱点。——译者注

吗？）。荷马史诗《伊利亚特》也提到过拉里萨。这也是“西方医学之父”希波克拉底（Hippocrates）实践他的医学，并在此逝世的城市。

瓦西里基·曼德罗（Vasiliki Mandalou）是一位哲学和语言老师，住在拉里萨。我在伊斯坦布尔开会的时候遇到她，后来在去拉里萨开会之际，瓦西里基带我去一所私立学校上了一堂 SOLE 课。孩子们的英语相当不错，因此我决定将话题定为交流。这些孩子的年龄在 12～15 岁之间。

我问他们：“有时我们对一个人说一件事情，他理解的却是另一件事情，对吗？”他们点头。于是，我们便讨论起为什么人们会彼此误解来。我在白板上画了一座简单的房子，只是一个带三角形屋顶的正方形。然后我就将房子擦掉了。

“你们还记得我画了什么吗？”我问。

孩子们点点头。

“嗯，假定我是一台电脑，你们可以要求我画画。你们要怎么描述才能让我把那幅画再画出来？”

“画一座房子。”一个孩子说。

“我不知道什么是房子。”我说。

“画一个正方形。”

我画了一个大大的正方形，占满了整个白板。

“不，不，画一个小的正方形。”他们笑了。

我在白板的一角画了一个很小的正方形。

安静了一会儿之后，一个孩子说话了。

“在白板中央画一个边长 20 厘米的正方形。”

我按照他说的做了。

“现在在正方形上面画一个三角形。”

我在正方形上面画了一个尖头朝下的巨大三角形。

又是一阵大笑。

最后，在失败了许多次之后，他们终于准确地描述出来：“在白板中央画一个正方形，边长 20 厘米。然后以正方形左上角为起点画一个三角形。其顶点距正方形顶边中心点约 10 厘米。”

我说，假如他们将正方形的四个角标上 A、B、C、D，那会更加方便。半个小时以后，他们开始用几何语言命令我了。

我告诉他们这是一门新的语言，是由一个名叫欧几里得（Euclid）的人在很久以前创立的。

这门语言很难被误解。

“但是，语言最开始又是从哪里来的呢？动物有语言吗？”

一堂 SOLE 课就这样开始了。

那些孩子告诉我们语言起源于动物的声音和感叹。这就是为什么“咳嗽”（cough）这个单词的发音“/kɒf/”听起来像咳嗽声的原因。他们讲述了词汇是怎样形成，又是怎样具有了不同的含义，进而导致了误解的。我觉得欧几里得听到这些会感到高兴的。

在我下课离开教室时，一个男孩来到我面前。

“你是一位正接受培训的老师吗？”他问。

“嗯，差不多吧。”我说。

“你应该继续，”他说，“你会是一名非常好的老师。”

“谢谢你。”那天在阿喀琉斯和希波克拉底的城市，我自豪地回答。

印度旁遮普邦

2016 年夏天，丽图和纳塔利娅受雇于加利福尼亚一家初创技术公司，到莫哈里（Mohali）的一个偏远村子建立两所小型云端学校。莫哈里位于旁遮普邦首府昌迪加尔的郊区。我提出免费帮助远程管理这个项目。

纳塔利娅选了一个名叫阿罗那托拉（Aloona Tola）的村子。丽图选了一个名叫锡德胡瓦尔的村子。这两个村庄距莫哈里均为约一个小时的车程。我让她们尽快建好两所学校，而且不要小题大做。她们于 2018 年 1 月，在不到一个月的时间内就建好了学校，开始每 10 天左右测量一次阅读理解力。那时，我们已经获得了 TED 云端学校项目的数据，因此我知道自己在做什么。

纳塔利娅的数据显示，儿童的阅读理解力呈线性增长（见下页图 13.2）。这个提高与苏尼塔在帕尔坦相近年龄组的数据类似（见本书第

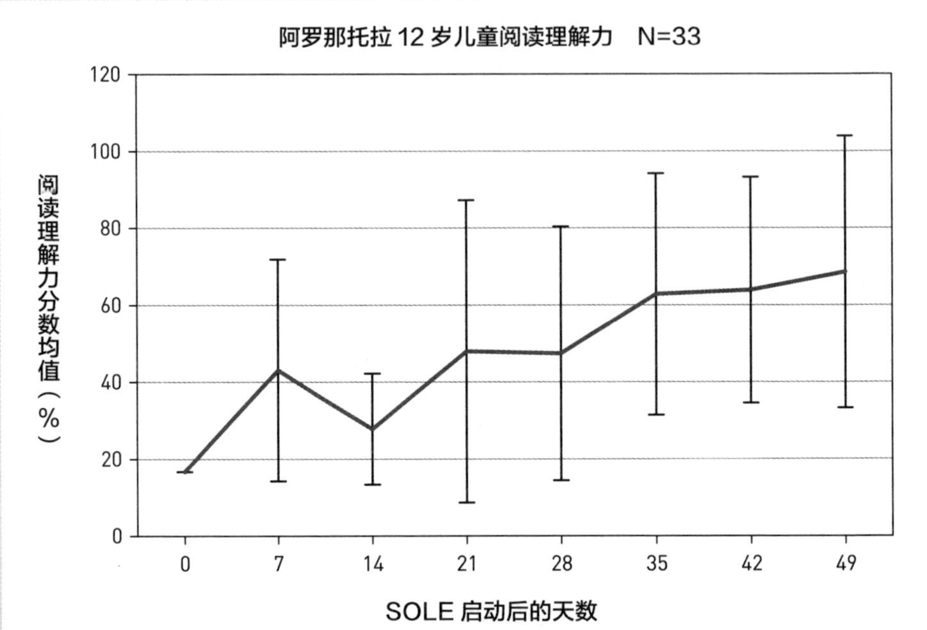

图 13.2 2018 年 2 月阿罗那托拉儿童阅读理解力的提升

119 页图 7.6）。而与苏尼塔收集的年龄较小的儿童的数据（见本书第 116 页图 7.2）相似，丽图的数据（见本书第 167 页图 11.2）显示出同样的非线性特征。

从苏尼塔、丽图和纳塔利娅的数据以及定性观察中，我学会了不去相信“流畅程度”。我随处都能看到这样的例子：儿童可以流利而迅速地阅读一篇文章，但对所读内容一个字也不理解。

我不必等待丽图和纳塔利娅的数据再做分析了，因为这个项目开展了两个月之后，旁遮普政府的官员便来了解这些偏远地区的儿童在英语读和说方面的能力。实际上这些孩子只能读和说一些单词，且还带着难懂的口音，但是当地人还是不敢相信发生了什么，因为你也知道，孩子们根本没有老师。

几个星期之后，丽图写信告诉我，旁遮普政府决定在该邦的 56 所公立小学建立云端学校。这么大的影响是我在任何地方都没有看到过的。

后来得知，副局长非常了解我的工作，甚至局长本人也是如此，因为他们没想到在这么短的时间内 SOLE 会取得如此明显的成效。

丽图帮助他们建立了这 56 所云端学校，这些学校于 2018 年 11 月投入使用。副局长还准备投资再建 25 所云端学校。在世界范围，这是政府对 SOLE 的最大投入。

英国布里斯托尔

詹姆斯·斯坦菲尔德（James Stanfield）与我在纽卡斯尔大学共事多年，是我们研究中心——SOLE 中心（SOLE Central）的顶梁柱。有一天，他突然收到了一封来自萨拉·托马斯（Sarah Thomas）的邮件。她是布里斯托尔圣巴纳巴斯小学（St. Barnabas Primary School）的老师。

> 亲爱的 SOLE 中心：
>
> 我来自布里斯托尔，是南格洛斯特郡圣巴纳巴斯小学的一名教师，也是英语学科负责人，我觉得我应该联系你们，跟你们说说我校正在做的事情以及我们所看到的成功。
>
> 很长一段时间以来，我对苏伽特·米特拉的工作非常钦佩。今年，学校允许我将云端学校引入我们的课程（我们称之为“SOLE 时间”）。我将“SOLE 时间”引入学校的导读策略。这就是说，从二年级到六年级，每个孩子每周都有半个小时可以使用 SOLE 的技能来研究开放式问题，进而将研究结果展示给班上其他同学。这取得了巨大成功，彻底改变了我们的学校，也彻底改变了孩子们对学习、工作伦理以及技能所持的态度。
>
> 上个学期的 5 月 11 日，Ofsted 来访，并在报告中提到了“SOLE 时间”：“作为有自信心的年轻学习者，学生们有抱负，能够相互支持。他们很享受在特别研究室度过的时光。这个研究室是你们和你们的团队开发的。SOLE（自组织学习环境）项目是一个很好的例子，它表明了你们付出的努力：让学习超

越传统课堂，为学生发展自己的学习习惯和独立思考能力提供机会。”

这获得了巨大成功。我们准备围绕“云端学校”来设计主题课程，并完善项目式学习方法。我们之所以能做到这一点，是因为孩子们在“SOLE 时间”学会了许多技能。本地的督学也请我支持其他学校的阅读行动计划，分享云端学校的做法。

Ofsted 的报告可以从 链接 13.2 获取。

这是 Ofsted 在报告中第二次提到我们。我写信给萨拉，随后拜访了她的学校。我给孩子们上了一堂 SOLE 课，随后萨拉也上了一堂课。

她比我上得更好。

那天在布里斯托尔，我感到如释重负。

我必须用最后一个故事来结束这一章了。它或许是众多故事中最有预见性的一个。

2016 年 12 月 12 日，我拜访了英国克罗伊登镇的西桑顿小学（West Thornton Primary Academy）。那里的教职员工和我讨论了 SOLE 课，还带我参观了学校——学校的设计极富想象力。一堂 SOLE 课结束后，孩子们还想再聊一聊。

“你们怎么看待在网上学习呢？”我问道，“只是找找材料，抄抄答案吗？”

孩子们使劲儿摇头。

> “在网上，你先知道，然后再学。

“那么有什么不同呢？”我问。

一名大约 12 岁的男孩站起来说：“在网上，你先知道，然后再学。”

他向我呈现了学习的未来。

第 14 章
推测、预测、预言以及幻想

寻找未来

墙洞实验如同风向标，指向一个学习的新未来，这是我当时所忽视的。我花了 20 年时间才搞清楚，墙洞实验预示着云端学校的到来。

而现在，云端学校再一次指向了学习的未来。这一次我可不会再忽视了。时间模糊了风向标所指的景象，但是如果可能，我要透过迷雾看清方向。

这样一本书应该将目光投向未来吗？到目前为止，这本书谈的都是学习方面的实验，而实验的结果表明，为了使儿童学到与当下密切相关的东西，学校能做的与众不同之事都有什么。我本可以就此打住，把此书当作一本创建和运用云端学校的指导手册。但这还不够。人类的发展正处在技术轨道上，且正以指数级速度发展。与过去相比，未来正以更快的速度到来。如果我们不尝试搞清楚云端学校要走向何方，这本书就不适合它所处的时代。无论未来多么怪异、多么深奥、多么陌生，我们都必须展望未来，并准备好将我们的学校带向未来。

从我 2017 年年末开始写这本书到 2019 年初，互联网已经使大部分传统教学变成效率最低下、费用最昂贵的学习方式。2008 年我在卡里库潘实验之后写道："以小组为单位的儿童可以从互联网上学到任何东西。"当时，这被认为是一个幼稚和极端的观点。从卡尔卡基到基林沃斯，云端学校的儿童向我们证明了事实并非如此。

我们必须审视未来，看得越远越好。

20 世纪末，我应邀写文章谈谈未来。于是我写了一篇题为《10 的 8 次方》(Eight Powers of Ten) 的文章 (Mitra，2001)，想象从 2000 年到 10002000 年之间的岁月。在写这篇文章的时候，我意识到我们可以做一些事情来寻找可能的未来。这不只是猜想，或者至少不需要那样。我认为，我们可以采用四种方法来看待未来：推测、预测、预言和幻想。

推测

你可以从一个非常基本的假设开始。未来至少不同于当下，就像当下与过去不同一样。比如，2028 年至少会与 2018 年不同，就如 2018 年与 2010 年不同一样。在 2010 年，很少有人会想到有一天汽车能够自动驾驶。到 2018 年，大家都觉得这已经不是什么稀奇的事了。因此我们可以这样推测，到 2028 年，没几个人会知道曾经汽车是要人来驾驶的。这是一个简单，但也许是很精确的未来观。这是一种线性推测，在短期内是很有效的。

只要过去向未来的改变以恒定的速度发生，你的预测就有效。假如你在一条高速公路上恒速驾驶，你的汽车在最后一分钟行驶了 2 千米，那么在下一分钟它还会行驶 2 千米。方便，精确。在这本书里，我们看到了云端学校的儿童网络搜索技能呈线性增长的例子。如果你正好处于一个学年的中间时段，你就能准确地预测他们的搜索技能在学年末所能达到的水平。

但是，推测有其自身的局限。比如你正横穿一个没有红绿灯的十字路口，看着一辆朝你开来的汽车，你需要估算它能用多久来到你面前，然后据此判断是待在原处还是穿过马路。你会假定那辆汽车是以恒速行驶的。如果汽车加速，你的预测就失败了。在这种情况下，你要么尖叫着尽可能快地跑过去，要么不幸被撞倒。同样，如果时间很长的话，推测也不起作用，因为在很长的一段时间内，事情通常不会以恒定的速度变化。你无法通过观察你孩子在 10 岁、11 岁和 12 岁时的身高，来猜测他到 21 岁时的身高。

处于2018年的你，可以通过审视2010年的情景来预测2028年，但是你无法通过审视1918年的情景来预测2118年。许多事情在几个世纪的跨度中，都是以非线性的方式变化的。你需要另外一种方式去审视未来。

预测

随着时间的推移，事情可以通过很多方式发生变化。如果你能测量这样的变化，那么你就可以画一张图，并据此进行预测。即便有些事物很难测量，比如你的幸福程度，你仍然能够在头脑里画一幅图来描述你的幸福感。在图14.1中，我试图呈现从过去走向未来的可能趋势。

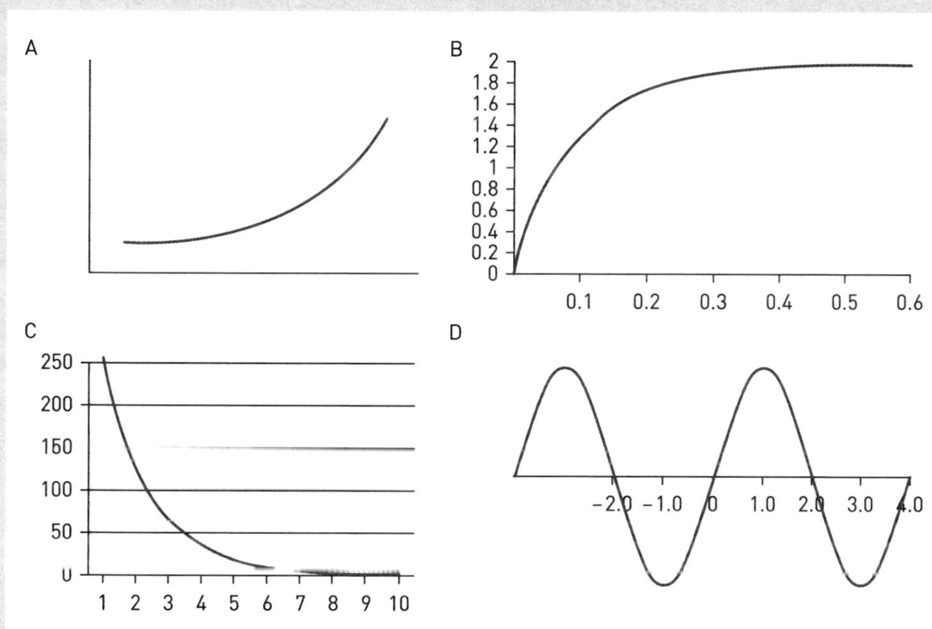

图 14.1 随时间而变化的图像

让我们仔细看一看这幅图。图A描述的是某个事物开始时缓慢增长，随后开始加速。我们在锡德胡瓦尔儿童阅读理解力曲线图中看到过类似的图像。

图 B 描述了起初快速增长，但随后又停止增长的情况。举例来说，这个图可以用来描绘你孩子的身高。快速的增长常常让我们非常乐观，但是当这种增长慢下来并停止的时候，我们就会失望。但是，一些负面问题的快速增长，比如癌症或者全球变暖，一开始能造成恐惧，然后或许会带来谨慎的乐观。

图 C 显示的是一个快速下降，直到没有更多下降空间的情况，因为图表上的变化已经触底了。这就像你通过某种神奇的节食方式成功减肥，然后慢慢地，体重下降停止了。当然，除非零出现，表中的曲线还将持续延伸。令人悲哀的是，减肥的“谷底”常常在节食者实现理想体重之前就出现了。如果你事先知道这个曲线，或许你就不会太遗憾了。

图 D 显示的是波浪线。在这种情况下，事情会上上下下，反反复复。或许我们应该说增加或减少，因为这幅图也可能代表着人类健康或人类死亡率的增减。在人类历史中，这种波浪状的变化很普遍：一个帝国兴起、衰落，另一个帝国崛起。我们的快乐和痛苦也是如此。任何上升的东西总是要落下的。

不，最后那个例子我搞错了。在这个地球上，任何上升的东西确实要落下。但不幸的是，我们都知道，落下的东西通常永远都不会上升了。物理学家用一个深奥的词“熵”来掩盖这一点。他们说，自然从有序到无序。但是他们也许并非完全正确。

因此当你想预测未来的时候，如果你知道或能猜到发展的曲线，那么你就可以做出很好的预测——那种人们会感到惊奇的预测。有些博弈者能做得很好。而我们老师难道不是最了不起的博弈者吗?

有了良好的预测能力，你就能够看到几十年、几百年，或许甚至几千年后的未来。但是就这么多了。那么这就是我们展望未来的极限吗?

值得庆幸的是，有一种方法可以看得更远。

预言

到此为止，我们已经看到，推测和预测可以给我们提供比较精确的未来观，但前提是要符合发展趋势。不过纵观整个人类历史，有人说他们能够看到很远的将来。他们是预言家。当被问及是怎么做到的，他们常常提到，那是一个无法识别的来源对他们“说”的。

就在 2018 年，印度喀拉拉邦发生了严重的洪灾，许多人不幸遇难，不少人不得不背井离乡。印度电视台录制了一段采访，采访对象是一个 8 岁的女孩。她曾敦促家人搬到旁边一栋高楼的楼顶。她还带了一个容器，里面是浸了石灰水的棉花。当问她为什么要这么做时，她说主供水上不到楼顶，因此高楼层会到处都是烟，而石灰水可以吸收该地区火灾产生的二氧化碳。当问她这些知识是不是从学校老师那儿学到的，她回答：“不是，从外面学到的。”然后就不说话了。我认为她指的是互联网，但是她太害怕，所以不敢说，因为学校不允学生接触互联网。我觉得她甚至记不起是何时何地读过这个知识了。她头脑里的声音来自网络。她的行动是一种预言。

预言有其可理解的基础吗？

我向斯金纳和爱因斯坦求助，关于教育他们说过类似的话。

“教育是将所学遗忘后剩下的东西。”斯金纳（Skinner，1964）写道。

“遗忘”是什么意思？是指构成记忆的神经连接被抹去了，还是指这些连接被淹没在难以捉摸的潜意识之中？

“剩下的”是预言家所描绘的被淹没的神经网络发出的声音吗？

预言或许就是预测，利用的是我们的意识无法理解的趋势，或者是我们掩藏的欲望，以信息的形式出现；又或许预言就是痴心妄想。

无论预言是什么性质，它们都是真实的。它们可以横跨万年，驱动人类现实达千年之久。也许我们可以学会预言，但我们还不知道怎么做。

即使是预言，也不会跨越我们所感知的现实的界线。它仍在谈论人与地球、空间与时间。

我们还能看得比它更远吗？

幻想

正如西格蒙德·弗洛伊德（Sigmund Freud，1917/1976）所写的，人类“无法依靠从现实中强行索取的微不足道的满足而生存。正如西奥多·冯塔纳（Theodor Fontane）曾说的那样，‘在没有辅助结构的情况下我们什么都做不了’……（不能）沉湎于想象的自我满足感”。

我没有用通常的拼写“fantasy”，而是用“phantasy”来描述“幻想”这一展望未来的最终过程，因为“phantasy”这个旧拼法是以字母p开头的，与projection（推测），prediction（预测）以及prophecy（预言）这几个词很协调。其次，我曾经读到过一个奇异而诱人的想法：当fantasy存在于大脑的潜意识或无意识中时，被称为phantasy！

幻想存在于意识和现实之外。它可以带我们去任何地方。如果我们不需要这个能力，我们就不会拥有它。幻想要依靠想象力，而且我们对此知道得不多。维基百科是这样定义想象力的：

> 想象力指无须任何感官的即时输入而在大脑中创生和模拟新奇事物、人物以及想法的能力。它也被描述为经验在大脑中的形成，可以是对过去经验的再创造，如经由想象改造而生成的生动记忆，或是……完全虚构的……想象力有助于我们运用知识来解决问题，对于整合经验和学习过程至关重要。(Imagination，2019)

如果想象力在没有感官输入的情况下能够起作用，那么它一定是从我们大脑的神经网络中涌现出来的。想象力无法用熵来解释。它能从混乱中产生自发秩序。

自发秩序

网络形成于事物的互联。网络中的每一个连接点叫“节点”。当一个节点有什么事发生时，与之相连的其他节点也会受到影响。既然这些受到影响的节点是与其他节点相连的，最终系统中的所有节点就都会受到第一个节点的影响。但还不止于此。

所有受到影响的节点最终又会对最开始的那个节点产生影响。初始节点又会做出反应，于是一切又从头开始。正如我们在本书序言中所探讨的那样，这个网络被称为“复杂的动态系统”。

有一个简单的实验可以说明这个现象。这个实验做起来很容易，我做过好多次了。你可以在任何一组人身上做实验：要求他们同步鼓掌。就这么简单。不要做任何手势来说明你的意思。

现在仔细听听会发生什么。头一两秒，掌声错杂不一，然后掌声会汇合到一起，就好像有人在指挥一样。

是谁将掌声汇合到一起的呢？是谁决定的鼓掌的频率？又是谁决定的掌声的大小？

没有人，它就这样发生了。自发秩序是自动出现的。

当所有人一起鼓掌时，每一个人的每一个掌声都能被其他人听到。这改变了其他所有听众原本各不相同的掌声。而这种不同又使所有人以各不相同的方式做出不同的调整。

一个人影响了很多人，而很多人又影响了一个人，直至自发秩序出现。

你也可以在儿童身上试试，比如 12 岁的儿童，然后用“掌声是怎么汇合到一起的？”这个问题来上一堂 SOLE 课，并告诉他们谁也不知道答案。

复杂的动态系统能产生自发秩序，这早已为人所知。这是生命本身的基础。我们所有的喜怒哀乐，我们所有的成就和反常都是自发秩序的结果。我们的现实是齐声鼓掌。

你可以问所有人另一个问题：“互联网存在吗？”人们会用奇怪的眼光看着你。然后你可以接着问：“那么互联网在哪儿呢？”享受沉默的一刻吧。

在云端学校，孩子们应该学会拓宽他们的过去和他们对未来的看法。然后他们必须据此构建他们的行动和计划。他们的分析与判断离不开他们对于时间跨度的感知。

儿童需要练习想象。这方面我们在学校里做得太少了。这就是我想说的。

孩子们要想在生活中采取正确的行动，他们需要关于过去的知识，也需要想象未来的能力，然后结合来自过去的信息和来自未来的信息采取行动。这样，他们就能书写自己的现实了。

这就是教育。

后 记

在麻省理工学院，我已经开始致力于扩展有关何为意识的理念。尼古拉斯·内格罗蓬特提醒我："马文·明斯基（Marvin Minsky）和诺姆·乔姆斯基（Noam Chomsky）等人也在做这样的研究。为什么你不放弃它，专注于自组织学习呢？"我和他争论不休，而且还常常粗鲁无礼，连我自己都感到非常羞愧。在这里我要向尼古拉斯表达歉意。

但是……

"多体"系统的相互作用所产生的自发秩序，是大自然运行的原理。它从宇宙诞生之际就开始运行了。那时，粒子之间的无序互动使恒星、行星和星系得以形成，直至我们这个星球上生命的开始——碳和氢（后来还有其他原子）之间的无序互动又促使氨基酸和糖的形成，进而排列成核糖核酸（RNA）分子和脱氧核糖核酸（DNA）。DNA 这一分子做出了巨大努力，通过进化生存下来，创造了生命——先是水生生物，后是陆生生物，最后是智人。

在人类历史上，全球人际网络的自发秩序，是这个时代的典型特征。互联网是存在的，但没有物理形态。它是非物质的。它有思想，或许有意识，但是我们也许永远都无法理解，甚至感觉不到这个陌生的意识，就像一个单独的神经元无法感受大脑的思想和意识一样。

人类制造机器。在几千年间，这些机器已经从简单的工具发展到复杂的、能互动的硅片结构，可以感知这个世界，还能思考。20 世纪 50 年代，人工智能最早由艾伦·图灵（Alan Turing）、约翰·麦卡锡（John McCarthy）和马文·明斯基等人提出，但是其计算能力要想提高到人工神经网络以及由此产生的涌现现象（自发秩序）可行、可用的程度，还需要等大约 50 年。这些设备现在无处不在，我们就与它们生活在一起。它们不断地学习，完善它们对于过去的感觉，具有有限的直视未来的线性能力。它们能推测，能预测，但没有想象力，也没有预言和幻想的能力。我说的是迄今为止还没有。

这些硅片大脑将被整合到我们的生物结构中。复合生物即将出现。在学习之前，它已经“知道了”一切。人类将是地球上第一个直接影响自己进化的物种。当新的物种出现时，我们这个时代已经摇摇欲坠的教育体系不得不向另一种体系进化。延伸和丰富我们的过去，通过推测、预测、预言和幻想完善我们展望未来的能力，将成为这个进化了的教育体系的唯一目标。当今学校必须朝此目标进化。然后……

这个碳硅复合生物将收缩到量子维度，最终失去所有的物质形态。除我们之外，还有生命存在吗？21世纪这一亟待解决的问题，会被证明是措辞不当的。我们的生命本来是个远古的例外。任何能够相互连接，从而形成非物质网络的，都是有意识、有生命的。我们被意识所包围，却在寻找错误的东西。

意识也会进化。当它与空间失去联系，它只能在时间维度里进化。从时间之始，它的行动就受到所有过去之事的影响；它的行动还受到所有未来之事的影响，直至时间之终。总有一天它将会进化，实现其最终的能力。

在现实还未写就之前，先去阅读它吧。

云端学校年表

1999 年　墙洞实验启动
2000 年
2001 年
2002 年
2003 年　墙洞实验结束
2004 年
2005 年　《墙中洞：教育中的自组织系统》出版
2006 年　远程学习研究启动
2007 年　三个 SOLE 项目启动：卡里库潘、海德拉巴、阿特拉斯学习中心
2008 年
2009 年　奶奶云和盖茨黑德实验启动
2010 年　盖茨黑德实验结束
2011 年　海德拉巴和阿特拉斯学习中心的项目结束
2012 年　电子书《墙洞之外》出版
2013 年　云端学校项目启动
2014 年
2015 年
2016 年
2017 年　云端学校项目结束
2018 年
2019 年　《云端学校：没有老师，学习如何发生》出版

《云端学校》纪录片讨论指南

感谢你观看《云端学校》这部纪录片！我们希望你们喜欢这部影片，也希望它能促使你反思自己的课堂和学校中学习的未来。为了帮助你反思，我们提供了下面的讨论指南。我们建议你在与同事、家长和管理人员，当然还有学生的交谈中回答这些问题。

自组织学习

1. 技术怎样改变教育？技术应该怎样影响我们的评估体系？

如果学校与当今人类所面临的最大问题息息相关，如果学校教授的内容并非我们已知之事的长长的清单，而是关系着我们未知之事，那么云端学校会是儿童学习的一个重要资源。

2. 互联网是学习的威胁还是催化剂？

在本书中，苏伽特·米特拉首次写到了在阿根廷的布宜诺斯艾利斯建立 SOLE 的情景：

就是在那里，我第一次上西班牙语的 SOLE 课，阿根廷人梅布尔·奎罗加做翻译。那些孩子和我玩儿得十分痛快。也是在那里我发现，只要当地有这门语言足够的在线资源，SOLE 在任何语言环境下都行得通。

3. 在英语习得方面 SOLE 能起什么作用？你认为儿童能通过 SOLE 学习任何语言吗？为什么？

4. 从技术中学习会对儿童的学习成绩和志向产生怎样的影响？

5. 儿童以小组为单位学习为什么重要？小组成员如何帮助引导 SOLE 课？

6. 在纪录片中，苏伽特·米特拉说："我愿意打个赌：虽然互联网的确会存在不好的影响，但会远远小于它带来的好处。”允许儿童在网上自由搜索的风险是什么？你是否同意，潜在的好处值得我们去冒这样的风险？

我们发现，如果让孩子们在大的公共可视屏前学习，就不需要采取什么过滤措施或其他监视手段来防止电脑“误用”（通常指浏览网上的色情内容或其他不好的图像）。在任何路过的人都能看到他们在做什么的公共场所，男孩和女孩们倾向于关注不会给他们带来麻烦的事。

最低限度侵入式教育

7. 苏伽特·米特拉报告说，在引入友善的协调人之后，印度儿童的成绩从 30 分上升到 50 分。这位协调人用“奶奶的方法”称赞儿童。你认为奶奶云为什么会那么有效？

8. 教师在云端学校的作用是什么？随着互联网进入更多学校，教师的角色会发生怎样的变化？

9. 这个纪录片说明了设计“大问题”以激发儿童好奇心和在线探究的重要性。你如何设计这些大问题？

适应了 SOLE 课的孩子不需要多少指令或鼓励。如果你做得对，他们会喜欢的。

研究的作用

很久以前有这样一个问题：如何将煤从煤矿中运送到地面。乔治·斯蒂芬森通过改良当时已经用于煤矿的蒸汽机和蒸汽机车解决了这个问题。开始的时候，斯蒂芬森的机器很庞大，架在煤矿顶端，靠拉动绳子使运煤车顺着轨道向上移动。随后他缩小了发动机，将其安装在一辆运煤车上。这样，整个装置（包括煤和发动机）就可以沿着轨道自行移动了。无人理解其工作原理，但是煤就这样沿着斜坡被运了上来。他第一次演示时，人们说：“它永远也不会启动。”后来，当他的“火箭号”开始轰隆向前时，人们又说：“这机器永远不会停下来。”于是，科学家开始疯狂地研究蒸汽机的原理。物理学的一个新分支——“热力学”被发现了，并开始改变我们对整个宇宙的看法！

斯蒂芬森先是解决了这个问题，而研究是后来才进行的。

10. 在尝试和实施一种教学或学习策略之前，需要进行多少研究？

11. 你如何在你的课堂或学校实施一种新的策略？你会关注什么样的成功指标？

12. 有关墙洞实验的两种矛盾说法（一种将它的成功视为未来学习的“信号”，一种将它的失败归因于不可持续）展现了怎样的教育研究本质？你支持哪种观点？

云端学校

13. 这部纪录片展示了印度和英国的云端学校。你认为是什么样的因素使这两个地方取得了成功？云端学校在世界任何地方都行得通吗？

14. 思考一下普利亚（Priya），那个在钱德拉戈纳上云端学校的姑娘的故事。云端学校会给她的生活带来什么样的变化？

15. 你认为云端学校在将来会怎样？

16. 这部纪录片展示了卡拉卡蒂的云端学校在网络接入方面遇到了许多问题，结果学习停滞了。你觉得为什么会这样？卡拉卡蒂的云端学校后来恢复了，是什么原因使事情出现了转机？

17. 什么才能使卡拉卡蒂这样边远地区的云端学校获得成功？

卡拉卡蒂的云端学校形势大好。来的儿童很多。SOLE 以及奶奶云课确保了儿童的阅读理解力与网络搜索技能得到快速提高。但是卡拉卡蒂无法自筹资金。如果说有什么地方需要紧急援助的话，那么就是这里。

18. 在纪录片中，乔治・斯蒂芬森高中老师埃米 – 莱・道格拉斯问她的学生：“如果由你来设计一个学习室，你想设计成什么样？”如果你能设计自己的学习空间，那么这个空间会是什么样子？你和你的学生会有什么样的感觉？

19. 你是否考虑创建自己的云端学校？如果是，那么你从这部纪录片中学到的什么内容可以指导你创建和运行你自己的云端学校？

20. 在纪录片结束时，苏伽特・米特拉说：“这是一个研究项目所能做的最好的事…… 与其说获得了多少答案，不如说提出了一整套新问题。”云端学校给你提出了什么样的新问题？你寻找这些问题答案的步骤是什么？

参考文献

Arora, P. (2010). Hope-in-the-wall? A promise of free learning. *British Journal of Educational Technology, 41*(5), 689–702. Retrieved from https://doi.org/10.1111/j.1467-8535.2010.01078.x

Banerjee, A., & Duflo, E. (2011, September 10). Pratham's contributions to Indian education policy debate [Excerpt from *Poor economies*]. *TechSangam*. Retrieved from http://www.techsangam.com/2011/09/10/prathams-contributions-to-indian-education-policy-debate/

Birkegaard, A., Oxenhandler, D., & Sloan, W. (2018). *The open window* [Documentary film]. Denmark: Videnskabsstudier, Roskilde University.

Clark, D. (2013, March 4). Sugata Mitra: Slum chic? 7 reasons for doubt. *Donald Clark Plan B* [Blog]. Retrieved from http://donaldclarkplanb.blogspot.com/search?q=mitra

Corwin. (2018, October). *Visible Learning^plus—250+ influences on student achievement*. Thousand Oaks, CA: Corwin. Retrieved from https://us.corwin.com/sites/default/files/250_influences_10.1.2018.pdf

Freud, S. (1976). Lecture 23: The paths to the formation of symptoms. In James Strachey & A. Richards (Eds.), *Introductory lectures on psychoanalysis* (pp.404–424). London: Penguin, p.419. Original work published in 1917.

Frey, N., Hattie, J., & Fisher, D. (2018). *Developing assessment-capable visible learners, Grades K-12: Maximizing skill, will, and thrill*. Thousand Oaks, CA: Corwin.

Grove, J. (2016). I don't need to know everything; I just need to know where to find it when I need it. *S.O.L.E.* [Website section]. Retrieved from the Belleville Primary School website at https://www.belleville-school.org.uk/news/s-o-l-e

Hardesty, L. (2018, April 4). Computer system transcribes words users "speak silently": Electrodes on the face and jaw pick up otherwise undetectable neuromuscular signals triggered by internal verbalizations. *MIT News*. Retrieved from http://news.mit.edu/2018/computer-system-transcribes-words-users-speak-silently-0404

Hattie, J. A. (2009). *Visible learning: A synthesis of over 800 meta-analyses relating to achievement*. New York, NY: Routledge.

Hattie, J. A. (2012). *Visible learning for teachers: Maximizing impact on learning*. New York, NY: Routledge.

Hattie, J. A., & Donoghue, G. M. (2016). Learning strategies: A synthesis and conceptual model. *npj Science of Learning*, *1*, 16013.

Imagination. (2019, May 29). *Wikipedia*. Retrieved from https://en.wikipedia.org/wiki/Imagination

Jenkins, L. (2008). *From systems thinking to systemic action: 48 key questions to guide the journey*. Lanham, MD: Rowen & Littlefield Education.

Klein, N. (1918). Address of Nicholas Klein. In *Documentary history of the Amalgamated Clothing Workers of America, 1916–1918* (pp.51–53). Baltimore: Amalgamated Clothing Workers of America.

Kulkarni, S., & Mitra, S. (2010). The use of self-organizing systems of learning for improving the quality of schooling for children in remote areas. Project Report. Newcastle University.

Leonard, S. (2016, November 9). Urging students to teach themselves. *Positive News*. Retrieved from https://www.positive.news/perspective/urging-students-to-teach-themselves/

Mancuso, S. (2010). *The roots of plant intelligence*. Retrieved from https://www.ted.com/talks/stefano_mancuso_the_roots_of_plant_intelligence

McDonald, A. S. (2001). The prevalence and effects of test anxiety in school children. *Educational Psychology*, *21*(1), 89–101. https://www.tandfonline.com/doi/abs/10.1080/01443410020019867

Mitra, S. (2001). Eight powers of ten. *Barefoot in the head* [Blog]. Original article reposted December 30, 2015, and available from http://sugatam.blogspot.com/2015/12/in-2001-i-was-asked-to-write-article.html

Mitra, S. (2009). Remote presence: Technologies for "beaming" teachers where they cannot go. *Journal of Emerging Technologies in Web Intelligence, 1*(1), 55–59. Retrieved from https://media-openideo-rwd.oiengine.com/attachments/318b8cc44849fd5ab96060be3d0597c54354263f.pdf

Mitra, S. (2012). *Beyond the Hole in the Wall: Discover the power of self-organized learning.* New York and Vancouver: TED Conferences, LLC.

Mitra, S., & Crawley, E. (2014). Effectiveness of self-organised learning by children: Gateshead experiments. *Journal of Education and Human Development, 3*(3), 79–88. Retrieved from http://jehdnet.com/journals/jehd/Vol_3_No_3_September_2014/6.pdf

Mitra, S., & Dangwal, R. (2010). Limits to self-organising systems of learning—the Kalikuppam experiment. *British Journal of Educational Technology, 41*(5), 672–688. Retrieved from https://onlinelibrary.wiley.com/doi/abs/10.1111/j.1467-8535.2010.01077.x

Mitra, S., & Dangwal, R. (2017). Acquisition of computer literacy skills through self-organizing systems of learning among children in Bhutan and India. *Prospects 47*(3), 275–292. Retrieved from https://link.springer.com/article/10.1007/s11125-017-9409-6?wt_mc=Internal.Event.1.SEM.ArticleAuthorOnlineFirst

Mitra, S., Dangwal, R., Chatterjee, S., Jha, S., Bisht, R. S., & Kapur, P. (2005). Acquisition of computer literacy on shared public computers: Children and the "Hole in the Wall." *Australasian Journal of Educational Technology, 21*(3), 407–426. Retrieved from https://ajet.org.au/index.php/AJET/article/view/1328

Mitra, S., Dangwal, R., & Thadani, L. (2008). Effects of remoteness on the quality of education: A case study from North Indian Schools. *Australasian Journal of Educational Technology, 24*(2), 168–180. Retrieved from https://ajet.org.au/index.php/AJET/article/view/1219

Mitra, S., & Kumar, S. (2006). Fractal replication in time-manipulated one-dimensional cellular automata. *Complex Systems, 16*(3): 191 – 207.

Mitra, S., & Quiroga, M. (2012). Children and the internet: A preliminary study in Uruguay. *International Journal of Humanities and Social Science 2*(15), 123 – 129. Retrieved from http://www.ijhssnet.com/journals/Vol_2_No_15_August_2012/15.pdf

Ofsted. (2012, December 11). *Innovative curriculum design to raise attainment: Middlestone Moor Primary School*. Reference No. 120372. Document now archived but available from https://nanopdf.com/download/middlestone-moor-primary-school_pdf

Pratham. (2019, May 19). *Wikipedia*. Retrieved from https://en.wikipedia.org/wiki/Pratham

Pratham India Education Initiative. (2009). *Pratham India Education Initiative: Annual report 2008 – 09*. Retrieved from http://pratham.org/file/Pratham Annual Report.pdf

Rothwell, J. (Director). (2018). *The school in the cloud* [Documentary film]. London, UK: Met Film Productions.

Roy, S. (2009, January 13). "Golden" diplomat basks in Slumdog glory. *The Indian Express*. Retrieved from https://indianexpress.com/article/cities/delhi/golden-diplomat-basks-in-slumdog-glory/

Skinner, B. F. (1964). New methods and new aims in teaching. *New Scientist, 122*. Retrieved online at https://www.bfskinner.org/publications/pdf-articles/

Stern, J., Ferraro, K., & Mohnkern, J. (2017). *Tools for teaching conceptual understanding, secondary: Designing lessons and assessments for deep learning*. Thousand Oaks, CA: Corwin.

Tyack, D., & Cuban, L. (1995). *Tinkering Toward Utopia: A century of public school reform*. Cambridge, MA: Harvard University Press.

Tyack, D., & Tobin, W. (1994). The "grammar" of schooling: Why has it been so hard to change?" *American Educational Research Journal, 31*(3), 453 – 479.

Tobin, L. (2009, March 2). Slumdog professor. *The Guardian*. Retrieved from https://www.theguardian.com/education/2009/mar/03/professor-sugata-mitra

Wackerbauer, R. (2010). *Complex dynamical systems*. Retrieved from the website of Dr. Renate Wackerbauer, University of Alaska Physics Department: http://ffden-2.phys.uaf.edu/wacker/

Wilby, P. (2016, June 7). Sugata Mitra—The professor with his head in the cloud. *The Guardian*. Retrieved from https://www.theguardian.com/education/2016/jun/07/sugata-mitra-professor-school-in-cloud

Wormeli, R. (2018, October). The problem with "Show Me the Research" thinking. *AMLE Magazine*. Retrieved from http://www.amle.org/BrowsebyTopic/WhatsNew/WNDet/TabId/270/ArtMID/888/ArticleID/963/The-Problem-with-Show-Me-the-Research-Thinking.aspx

索 引

图书在版编目（CIP）数据

云端学校：没有老师，学习如何发生／（印）苏伽特·米特拉（Sugata Mitra）著；张建民译. --上海：上海教育出版社，2022.8

ISBN 978-7-5720-1524-3

Ⅰ.①云… Ⅱ.①苏… ②张… Ⅲ.①网络教育—教育研究 Ⅳ.①G434

中国版本图书馆 CIP 数据核字（2022）第 119872 号

上海市版权局著作权合同登记号　图字 09-2022-0240 号

策　　划　源创图书
责任编辑　董　洪
特约编辑　吴法源　郭晓娜
责任印制　梁燕青
内文设计　许　扬
封面设计　奇文云海

Yunduan Xuexiao: Meiyou Laoshi, Xuexi Ruhe Fasheng
云端学校：没有老师，学习如何发生
［印度］苏伽特·米特拉（Sugata Mitra）著
张建民　译

出版发行　上海教育出版社有限公司
官　　网　www.seph.com.cn
地　　址　上海市闵行区号景路159弄C座
邮　　编　201101
印　　刷　北京华宇信诺印刷有限公司
开　　本　710×1000　1/16　印张　15.75　插页　1
字　　数　220千字
版　　次　2022 年 8 月第 1 版
印　　次　2022 年 8 月第 1 次印刷
印　　数　1—6,000 本
书　　号　ISBN 978-7-5720-1524-3/G·1218
定　　价　79.00元

如发现质量问题，请向本社调换　电话 021-64373213

The School in the Cloud: The Emerging Future of Learning, by Sugata Mitra

ISBN 9781506389172